Strade blu

NON FICTION

Nicola Gratteri

LA GIUSTIZIA
È UNA COSA SERIA

Un migliore sistema giudiziario
per sconfiggere le mafie

Conversazione con
Antonio Nicaso

Prefazione di Vittorio Zucconi

MONDADORI

Degli stessi autori
nella collezione Strade blu

Fratelli di sangue
La malapianta

www.librimondadori.it

La giustizia è una cosa seria
di Nicola Gratteri e Antonio Nicaso
Collezione Strade blu

ISBN 978-88-04-60657-4

I edizione febbraio 2011

Indice

Prefazione

Nei corridoi delle «Law School», le facoltà di Legge americane, circola una battuta tanto cinica quanto vera. «La giustizia» recita «è quel magnifico sistema che serve soltanto a stabilire chi, fra l'accusa e la difesa, abbia gli avvocati migliori.» Una amara verità che trova conferma in un corollario dimostrato ovunque nel mondo: se ho i soldi per pagarmi i migliori avvocati, le mie probabilità di farla franca, o di avere giustizia (cioè di avere ragione, essendo giusto tutto ciò che mi va bene e ingiusto tutto ciò che soddisfa la controparte), saliranno radicalmente.

Se ho scelto di parlare di America per introdurre il nuovo libro-conversazione fra i miei carissimi amici Antonio Nicaso e Nicola Gratteri è perché letteratura, cinema e televisione hanno creato, e scolpito nell'immaginario di tutto il mondo, il mito della «giustizia», o meglio sarebbe dire del sistema giudiziario americano, il terzo potere «co-equal» con il legislativo e l'esecutivo nella Costituzione, di un sistema che più di ogni altro si avvicina alla perfezione pratica ed etica e dunque il metro sul quale tutti gli altri andrebbero misurati. Gli indaffarati a creare strumenti per immunizzare il proprio potere dalla giustizia non sembrano rendersi conto che lo stesso vaccino funzionerà a vantaggio dell'avversario quando, come sempre e ovunque accade, la ruota delle fortune politiche avrà compiuto il giro.

Nella pratica, come indica la battuta iniziale, dalla perfezione e dalla infallibilità – se non dalla equità – anche la giustizia americana è lontanissima.

Basterà un dato per confermarlo: non ci sono, negli annali della giurisprudenza americana, casi di imputati per omicidio ricchi o famosi che siano stati messi a morte, neppure quando schiacciati da indizi e prove che sembravano inattaccabili. Tutto quello che il difensore deve fare è insinuare in almeno uno dei dodici giurati popolari il «ragionevole dubbio» sulla colpevolezza del cliente e dimostrare non la sua innocenza, che non è il compito del difensore, ma che il caso presentato dalla pubblica accusa ha qualche falla. Cosa che un principe del foro con legioni di costosi periti a difesa pagati per demolire le deposizioni dei periti dell'accusa, un signore dei codici e dei trucchi legali che guadagna in un mese quello che un procuratore o un giudice guadagnano in un anno, saprà sicuramente fare. Al patibolo vanno sempre e soltanto coloro che devono dipendere per la propria difesa da avvocati d'ufficio disposti ad appellarsi alla clemenza della Corte o a sollevare qualche obiezione procedurale per i 50 dollari all'ora pagati dallo Stato.

Voglio dunque mettere subito le mani avanti ed eliminare un pregiudizio che avvelena sempre ogni discorso pubblico e politico nel nostro paese, su qualsiasi tema.

È il classico argomento del «tutto in Italia fa schifo» mentre all'estero (scegliete voi il paese che preferite utilizzare) tutto è meglio, tranne il cibo s'intende: i trasporti, la raccolta dei rifiuti, lo sport, il giornalismo, la televisione, i servizi, la politica, gli ospedali e, naturalmente, la giustizia. È una processione di flagellanti, di «vattienti» che si frustano come ancora accade in qualche paese di quella terra dalla quale Nicaso e Gratteri vengono e, almeno per chi non la pratica, insopportabile.

Nella realtà, vale per il nostro sistema giudiziario buona parte di ciò che vale per il nostro sistema sanitario e probabilmente per molto altro. Fra casi tragici di grossolana malasanità e di allucinante malagiustizia, di pazienti ai quali viene asportato un polmone senza altra ragione che il guadagno (nelle cliniche convenzionate del Nord come negli ospedali del Sud, dicono le cronache), di processi che si trascinano per ere geologiche senza mai arrivare a una conclusione o di crimini spaventosi ancora senza responsabili dopo una generazione, come la strage di piazza della Loggia a Brescia, la macchina della giustizia in Italia, come quella della sanità, funziona sorprendentemente meglio di quanto non voglia farci credere chi vorrebbe demolirla.

Non bene, e Gratteri lo sa e lo dice anche in questo libro. Ma meglio di quello che viene detto ai cittadini, spesso proprio da coloro che utilizzano ogni mezzo e mezzuccio, ogni leggina, ogni trucco di dubbia costituzionalità o di sfacciata anticostituzionalità per incepparla. E poi ne denunciano la lentezza. È il caso classico del soldato che per essere congedato si spara sul piede sostenendo di essere stato ferito dal nemico.

Il problema è che il piede sul quale si spara è il nostro. È quel piede sul quale deve camminare per restare in equilibrio una società, e dunque una vita civile, fondata sulle leggi che devono precedere il consenso elettorale e non subirlo, perché senza leggi anche il più vasto consenso diventa puro «caudillismo», semplice dittatura legalizzata. Ed è qui, a mio parere, che il vero scandalo italiano si manifesta, non nella durata dei processi penali o delle cause civili, neppure nella miseria dei mezzi materiali, delle attrezzature, del personale, dell'aspetto borbonico di tante procure e tribunali (e spero che per questo Nicola non mi tolga il saluto).

Ho assistito direttamente come giornalista a un numero sufficiente di «processi del secolo», come quelli contro il campione O.J. Simpson per omicidio, il nipote dei Kennedy William Smith per violenza carnale, alle procedure di impeachment contro due presidenti, Nixon e Clinton, ho partecipato come imputato di «guida pericolosa» (132 km all'ora dove il limite era 110 km, un vero criminale) e servito come membro di una giuria popolare per poter dire di aver conosciuto la mia dose di «malagiustizia». E questo è niente rispetto all'abominio dei centocinquanta casi di condannati a morte fra il 1975 e oggi, scarcerati quando i nuovi test sul Dna sono arrivati a dimostrarne, già sull'ascensore per il patibolo, l'estraneità al reato. È molto facile immaginare con un brivido quanti nel passato siano andati a morire sapendo di essere innocenti.

Allora perché una nazione come gli Stati Uniti, così rapida, a volte isterica e irrazionale, nel reagire, nell'ansia di contrattaccare, nel chiedere che si faccia qualcosa di concreto per rispondere a errori e per cambiare, tollera passivamente che la propria magistratura e il sistema delle giurie popolari sul quale si regge il processo americano commettano errori come questi e nulla davvero cambi mai nell'ordinamento? Perché tollera che le aule dei propri tribunali divengano, troppo spesso, un teatro nel quale finisce per vincere non la Verità, ma l'attore più convincente, il Perry Mason di quei telefilm nei quali, a pensarci bene, si dimostrava, più che la sua abilità, la grottesca incompetenza della pubblica accusa, perennemente sorpresa ad avere incriminato la persona sbagliata?

La risposta è nel patto tacito, ma ferreo, al quale tutte le forze politiche, i leader, compresi quelli più estremi ed esagitati, aderiscono nelle nazioni più mature ed evolute. È il patto della sacralità della magistratura che conviene a tutti, imputati come difensori, querelanti come querelati, giudici come accusatori. Parafrasando una celeberrima frase di Thomas Jefferson, il padre dei padri della Patria americana, che affermò di «preferire una libera informazione senza un governo a un governo senza una libera informazione», si può dire che i cittadini, anche quelli che hanno patito gli abusi della legge e di chi la interpretava (come le minoranze di colore o di nuovi immigrati per generazioni), preferiscono una giustizia che sbagli con autorità a una giustizia senza autorità.

Minare il principio di autorità del potere giudiziario, la terza gamba indispensabile per reggere un tavolo che su due soltanto, il Governo e il Parlamento, non si reggerebbe, significa danneggiare tutti, anche se in un caso particolare potrebbe salvare qualcuno. Anche la giustizia, come la medicina, non pretende di salvare tutti o di non sbagliare mai. Può soltanto cercare di fare il maggior bene possibile per il maggior numero di persone.

Nella storia (e nella leggenda) della Frontiera, quello spazio immenso del continente oltre i monti Appalachi dalla Grande Prateria fino all'oceano Pacifico, i tre pilastri sui quali si fondò il controllo sociale dopo decenni di anarchia e di prepotenze furono la stella dello sceriffo (o dello US Marshal inviato da Washington, il predecessore dei G-Man dell'Fbi), la Colt a tamburo (se maneggiata meglio dall'uomo con la stella rispetto al fuorilegge) e soprattutto il temutissimo «travelling judge», una figura che può aiutarci a capire il rapporto che in una nazione come gli Usa esiste fra cittadini e aule di tribunale.

Era costui un magistrato itinerante di incerta preparazione giurisprudenziale ma di maniere sbrigative, insieme pubblico ministero, giuria e giudice. Calava a sorpresa nei villaggi del West in sella al proprio cavallo, teneva udienza dove capitava, se del caso anche nei saloon, provvedeva alla rapida impiccagione senza appello di chiunque fosse sospettato di reati vari, dall'abigeato all'omicidio, dal furto alla rapina, e poi scompariva, lasciando dietro di sé una catasta di bare da seppellire e la certezza che dopo di lui ne sarebbe arrivato prima o poi un altro, di maniere altrettanto spicce. Non risulta, nelle cronache del tempo, che mai uno di questi «giudici ambulanti» sia stato assassinato, neppure in quei paesi e villaggi dove le più futili discussioni avevano la tendenza a concludersi con un buco in fronte. La certezza che un altro giudice, ancora più spietato perché inferocito dalla fine del collega, arrivasse sulle orme dell'ammazzato per riempire il cimitero di bare fresche calmava anche le pistole più roventi.

Non era giurisprudenza da Hans Kelsen – il celebre studioso di filosofia del diritto –, ma funzionava. E scolpiva, appunto nel Dna di una nazione, il principio del rispetto assoluto sia per la magistratura inquirente che per quella giudicante. Come il «travelling judge» del West sapeva di essere protetto dalla accettazione del fatto che qualsiasi forma di convivenza legalizzata era meglio della legge dell'O.K. Corral, così anche il magistrato di oggi, che sia un umile giudice di contea eletto dai cittadini per risolvere controversie minori e sbattere in gattabuia il ladruncolo o uno dei nove «Supremi» che siedono sui massimi scranni della Corte costituzionale, ognuno di loro sa di avere alle spalle il tacito consenso e il rispetto interessato di tutti. Non perché questo rispetto serva alla «casta» con la toga, per usare un'espressione fin troppo popolarizzata in Italia, ma perché serve alla sopravvivenza della comunità.

È purtroppo l'opposto di quanto è avvenuto in Italia negli ultimi decenni, quando la demolizione del principio di rispetto per la magistratura nascosto dietro la formula del rispetto per le sentenze (ma se non si rispetta chi la emette, come si può poi fingere di rispettare il risultato?) è divenuta uno dei principi sui quali si è fondata la sopravvivenza di forze politiche che hanno dovuto attaccare la credibilità della causa – la magistratura – per difendersi dagli effetti, le denunce e i rinvii a giudizio. Nella realtà il giudice e la sentenza sono rispettati e rispettabili soltanto quando deliberano a mio favore. In tutti gli altri casi sono – e a volte lo sono stati davvero – faziosi, venduti, ideologizzati, comprati. Alla fine, soli di fronte alla nazione.

La sensazione più bruciante che si prova leggendo questo libro-intervista, e che ricavai quando ebbi il piacere di conoscere personalmente Nicola Gratteri e di conversare a lungo con lui in pubblico e in privato, è il brivido di solitudine – non di resa – che traspare dalle sue parole, come da quelle di altri uomini di legge che lo hanno preceduto o che fanno il suo lavoro oggi.

Al contrario di quanto avviene nel resto del mondo che si considera civile, il rapporto fra cittadini e magistratura in Italia è stato profondamente intossicato dalla politica, che ha rovesciato i termini del problema sostenendo di essere il succubo, e non l'incubo, dei magistrati e ha deciso di fare la scelta difensiva estrema di delegittimare gli accusatori. Se si riesce a convincere abbastanza spettatori-elettori che l'arbitro è venduto o schierato per una delle squadre in campo, qualsiasi risultato verrà «nullificato», come si dice nella giurisprudenza americana. Oppure, visto che arbitro e assistenti sono schierati a priori contro una squadra, non varrà neppure la pena, per quella squadra, di andare in campo o di farsi giudicare. E gli elettori, tramutati così in tifosi, saranno sempre prontissimi ad accettare, appunto come i tifosi, l'alibi del «c'hanno arrubbato la partita».

Ma il confronto con la nazione dalla quale sono partito può tornare davvero utile, abbandonando provinciali complessi di inferiorità, proprio sul terreno rovente della «politicizzazione del giudice».

Gli Stati Uniti hanno sempre conosciuto, nella loro storia, un numero notevolissimo di processi a personalità politiche, abbondando nelle sacre aule del potere i mascalzoni, i ladri, i grassatori, gli impostori, i venditori di panacee, come lo «snake oil», l'olio di serpente, e il latte di gallina, per farsi eleggere. Non basterebbe un volume enciclopedico per elencarli tutti, dalle origini della Repubblica a oggi. Mentre scrivo queste righe, all'inizio del 2011, un potentissimo «boss» parlamentare, ex capogruppo della maggioranza repubblicana nel 2002, il texano Tom DeLay, senza il quale negli anni Novanta non si spostava neppure una fotocopiatrice alla Camera dei rappresentanti, ha cominciato a scontare una condanna a tre anni di reclusione per violazione delle norme sul finanziamento elettorale.

Anche lui, quando fu resa nota l'incriminazione e fu costretto a dimettersi, aveva tentato di usare la formula della «persecuzione politica» e dell'accanimento di magistrati «liberal», di sinistra, contro di lui. Nessuno, non il presidente Bush, repubblicano e texano come DeLay, non gli altri parlamentari del partito e nessuna pubblicazione legittima prese le sue parti contro i magistrati inquirenti e poi giudicanti.

Un'altra regola fondamentale della cultura civile e giudiziaria americana era scattata, per lui come per centinaia di suoi predecessori. Forse «lo fanno tutti», o almeno molti, forse siamo tutti colpevoli di finanziamento illegale, di evasione fiscale, di falsa testimonianza, di infedeltà coniugale, di molestie contro minori, ma se ti beccano, sono cavoli tuoi e sei solo. Non tirare in mezzo noi nei tuoi guai e non scaricare sulla magistratura la colpa di esserti messo in condizione di farti pizzicare.

Un esempio ancora più clamoroso di quello che in Italia sbrigativamente bolleremmo come «processo politico» è quello di Bill Clinton, il capo dello Stato sicuramente più bersagliato da accuse, indagini, investigazioni speciali nella storia del XX secolo, dopo Richard Nixon negli anni Settanta. Dal suo insediamento alla Casa Bianca, il 20 gennaio 1993, alla sua uscita, il 20 gennaio 2001, non è praticamente trascorso giorno senza che dalla magistratura ordinaria e poi da quella straordinaria, nella persona di un «inquisitore speciale» dotato di poteri giudiziari, non sia venuta una nuova accusa e non si sia aperto un nuovo fascicolo contro di lui.

Tutti ricordano probabilmente la vicenda a sfondo sessuale dei suoi rapporti con la segretaria stagista Monica Lewinsky, che portarono indirettamente all'impeachment, cioè all'incriminazione, e poi al processo pubblico davanti al Senato in veste di giuria popolare, che lo assolse. Ma la lista di quelle che altri chiamerebbero persecuzioni è assai più lunga.

Furono condotte indagini formali sul licenziamento del capo dell'ufficio viaggi della Casa Bianca, adducendo sospetti di favoritismo verso un agente di viaggi amico di famiglia assunto per rimpiazzarlo in quell'incarico retribuito con fondi pubblici. Si aprì un'interminabile indagine ufficiale sugli investimenti in Borsa della First Lady Hillary, che avevano reso troppo bene troppo in fretta. Poi su una possibile corresponsabilità, addirittura per omicidio, nella fine dell'avvocato della Casa Bianca Vincent Foster, amico personale di Hillary, morto suicida con un colpo di pistola alla testa in circostanze, come dicono sempre i giornali in questi casi, «poco chiare», nel dubbio che fosse l'amante della Prima Signora.

Si consumarono ore di udienze e indagini su un fallito tentativo di speculazione immobiliare in Arkansas fatto dall'allora governatore Clinton. Si mossero gli investigatori delle procure locali e di quelle speciali per una presunta paternità illegittima, aggravata da violenza, di un bambino partorito da una prostituta nera. E questo senza contare la querela per molestie sessuali presentata da una dipendente dello Stato dell'Arkansas, Paula Jones, che lo accusò di avere esibito davanti a lei la sua virilità in una stanza d'albergo, in un grossolano tentativo di seduzione.

Alla testa della squadra di procuratori speciali incaricati di rivoltare la vita di Clinton come un calzino era stato messo un giudice, Kenneth Starr, di note e dichiarate simpatie ideologiche ultrarepubblicane. Starr apparteneva a una legittima associazione di giuristi apertamente di destra chiamata «Federalist Society». Mentre lui indagava, con una squadra di ventisette avvocati a sua disposizione retribuiti con stipendi da 100.000 dollari annui, spendendo oltre 50 milioni di denaro pubblico per le varie inchieste, miliardari ferocemente anticlintoniani come Richard Mellon Scaife, uno degli eredi e discendenti della dinastia dei banchieri Mellon, offrivano ricche taglie da 10.000 dollari a tutti i giornalisti che scovassero qualche nuovo dettaglio sordido sul passato di Clinton. Un'offerta che comprensibilmente portò a una valanga di falsi scoop per incassare la taglia, puntualmente smentiti ma per sempre incollati nella memoria del pubblico.

Era fuori di dubbio che esistessero sfacciate motivazioni ideologiche e politiche dietro questo assalto a Clinton, ma in una sola occasione sua moglie, Hillary, osò andare in uno studio televisivo a sostenere che forse era in atto «un vasto complotto della Destra» contro il marito. La signora fu prontamente sommersa da un coro di quelle che, volgarmente, potremmo definire pernacchie. Non ripeté mai più l'accusa. Aveva capito di avere toccato un tabù, la magistratura. Clinton, dopo avere tentato tutte le manovre legali permesse dal codice e avere invocato inutilmente «le prerogative dell'esecutivo» (noi le chiameremmo impedimenti) per non deporre, e avere visto le argomentazioni degli avvocati – pagati di tasca sua – smontate dalla Corte suprema (che nel 1998 di nuovo affermò la piena responsabilità penale e civile di un presidente quando non fosse nell'esercizio delle sue funzioni), dovette deporre, subì l'impeachment, affrontò il processo e fu prosciolto.

Neppure Richard Nixon, «Dirty Dicky», «Riccardino lo Sporco», osò mai ricorrere pubblicamente all'alibi del «processo politico» o della «magistratura politicizzata» quando fu crocefisso per il caso Watergate. Eppure lui, come tutta Washington, sapeva che la commissione parlamentare incaricata di indagare era presieduta da un suo implacabile nemico politico, il deputato democratico Peter Rodino, e che l'«inquisitore speciale» che conduceva l'inchiesta, Archibald Cox, era un aristocratico giurista harvardiano di chiare simpatie democratiche, addirittura già «Avvocato generale» dello Stato sotto l'amministrazione dei nemici mortali di Nixon, John e Robert Kennedy, e che l'intero staff degli avvocati assegnati alla commissione parlamentare d'inchiesta era democratico. Fra di loro, brillava una giovane, oscura avvocatessa destinata a grande fama: la signora Hillary Rodham, maritata Clinton.

Ma quando Nixon, di fronte alla inevitabilità del processo che la magistratura ordinaria prima, e poi, come sempre, la Corte suprema gli avevano imposto di subire, tentò di buttarla in politica, furono gli anziani del suo stesso partito a invitarlo a levarsi dai piedi e dimettersi, per non trascinare la nazione intera e tutti i repubblicani nell'abisso che il discredito della magistratura e delle procedure costituzionali avrebbe spalancato sotto i piedi.

Nixon ubbidì, si dimise, fu «immunizzato» a vita dal suo successore contro ogni futuro procedimento, ma soltanto «dopo» le sue irrevocabili dimissioni.

Il punto di questa divagazione americana è questo: nessuna nazione può vantare una giustizia perfetta, neppure quell'America che Hollywood o i grandi autori di thriller legali come John Grisham hanno inventato per spettatori e lettori. In qualsiasi paese, a cominciare dagli Stati Uniti, l'accusa di «politicizzazione» ai giudici e ai magistrati di ogni ordine e grado sarebbe fondata, perché non esiste – credo di poter affermare senza grande timore di smentita – un sistema giudiziario nel quale i giudici non portino sotto la toga le sensibilità politiche della società in cui vivono, trattandosi non di angeli incorporei, ma di uomini e donne che in quella società sono cresciuti.

Se così non fosse, la Corte suprema degli Stati Uniti continuerebbe ancora oggi a sostenere dalla sua creazione nel 1789 che la proprietà di schiavi è perfettamente costituzionale, come fece per decenni; che la segregazione per razze è legittima; che gli arrestati possono essere condannati per qualunque cosa sia stata strappata loro al momento dell'arresto; che qualunque funzionario di pubblica sicurezza può di propria iniziativa sfondare la porta di una casa nel cuore della notte e sequestrare senza autorizzazione tutto ciò che vuole. Al contrario, gli uomini e le donne, a volte eccellenti a volte mediocri, che si sono avvicendati sul banco dei giudici supremi hanno espresso, più che un'astratta immutabilità, la fluidità delle interpretazioni costituzionali, secondo il vento mutevole del tempo.

Quello della «apoliticità» dei giudici è un mito, dunque un'inesistenza, utilizzato da chi si sente perseguitato per motivi politici o da chi viene pizzicato con le mani nel bussolotto delle elemosine. Tanto poco «apolitici» sono i magistrati inquirenti e i giudici americani che tutte le toghe sono di nomina politica.

I cinquanta procuratori federali, coloro che nei vari Stati devono applicare la legge nazionale (o federale come si dice), sono funzionari di nomina presidenziale, spesso licenziati in massa e cambiati quando cambia il colore dell'inquilino della Casa Bianca. I giudici d'appello federali, la più alta magistratura al di sotto della Corte suprema, sono scelti e proposti dal presidente in carica, che per definizione è un uomo politico, ed esaminati, approvati o più raramente bocciati, dal Senato, a sua volta un organo politico dove si vota secondo maggioranze e minoranze.

I «Supremes», come vengono chiamati scherzosamente i giudici della massima Corte ricordando il nome di un famosissimo coretto di ragazze popolare negli anni Sessanta, sono scelti dal presidente e poi approvati o respinti sempre dal Senato, e le loro tendenze politiche e ideologiche sono ben note al pubblico e accettate come una conseguenza delle vittorie elettorali di un partito o dell'altro.

È proprio perché i giudici sono fallibili, mutevoli nell'interpretazione e applicazione delle stesse leggi, a volte dichiaratamente di parte, che il patto del rispetto assoluto deve reggere. Non si tratta di ingenuità né di cinismo. È istinto di conservazione della Repubblica.

Nessuno, repubblicano e democratico, progressista, conservatore, ateo, cristianissimo, abortista o antiabortista, ricco o povero, si consente il lusso suicida di demolire il prestigio delle toghe per una elementare ragione di sopravvivenza collettiva. La comunità nazionale si rende conto che mettere in dubbio il sistema giustizia, accusare l'altra parte di controllare o distorcere l'ordinamento, può servire a breve termine per risparmiare il collo di un amico o di un politicante, ma a lungo devasta e divora il sistema nazione.

Persino i fanatici del movimento ultraconservatore che si fanno chiamare «Tea Party», come i ribelli antibritannici della fine Settecento furiosi per le tasse imposte da Giorgio III sul tè, che sparano bordate verbali furibonde contro il governo federale, il Parlamento, il fisco, la capitale ladrona e corrotta, si sono sempre guardati dall'attaccare la magistratura o lanciare insinuazioni contro di essa.

La giustizia, intesa come sistema di procuratori, giurie, giudici, Corti d'appello, Corte suprema e non come astratto e irraggiungibile concetto con la maiuscola, è il ramo sul quale sta seduta una società, e segarlo non conviene alla società nel suo insieme. Distruggere la sacralità della procedura, delle persone che la rappresentano, delle decisioni che ne vengono può salvare qualcuno che annaspa nell'acqua dei guai che lui stesso ha creato, ma diseduca una nazione.

Certo questa sacralità, mantenuta anche a costo di tollerare errori, personaggi scadenti o disonesti (come i giudici incriminati e condannati in Pennsylvania nel 2009 perché spedivano minorenni a pacchi in un carcere privatamente gestito che pagava loro una percentuale), ha una premessa indispensabile: il rispetto delle regole, che devono valere per tutti, anche per l'imputato più eccellente o per l'avvocato più brillante. Nessuno può mai avere la certezza del risultato di un procedimento penale o civile, né della pena, come vuole uno slogan demagogico diffuso in Italia, quella «certezza della pena» che suona bene e non significa nulla senza la certezza della procedura o della colpevolezza. Ma tutti, dal presidente all'automobilista imprudente come me, hanno la certezza delle regole, certezza che una nazione dovrebbe invocare sempre. Nella realtà dei tribunali di tutto il mondo la legge non è necessariamente uguale per tutti, e dire che alcuni sono più uguali di altri è un'ovvietà. Ma le regole che conducono all'applicazione della legge possono e devono essere dimostrabilmente uguali per tutti.

Se un tratto fra i tanti ammiro specialmente in Nicola Gratteri e nel suo lavoro è l'ostinato attaccamento alle regole, il rifiuto oserei dire puritano, calvinista delle scorciatoie, dei colpi di teatro, delle astuzie leguleie o dei personalismi. Quando si deve combattere un avversario come le mafie, che delle loro oscene «sante regole» fanno una religione di sangue e di asservimento, soltanto una regola ancora più alta, e ancora più tenacemente rispettata, le può contrastare. Specialmente nell'Italia del «mettiamoci d'accordo».

Di questa verità feci una piccola, memorabile esperienza come membro di una giuria popolare nel 2006 Ricordo l'emozione con la quale mi presentai al mattino nella sede del tribunale, mescolato a una folla di avvocati, imputati a piede libero, cancellieri, poliziotti, impiegati, testimoni, cittadini sorteggiati come me tra i residenti della città, tutti con il naso all'insù per guardare il tabellone elettronico con il nome del magistrato e il numero dell'aula per sapere dove andare, esattamente come agli arrivi e partenze in un aeroporto o in stazione.

Il senso di timore reverenziale che quell'edificio incuteva anche in un giornalista di lungo corso come me, abituato a situazioni e incontri di ogni genere, era lo stesso che vedevo negli altri, nelle centinaia di uomini e donne in attesa di essere esaminati e selezionati o respinti dal giudice che avrebbe presieduto il procedimento.

A me toccò un'anziana signora in toga nera, somigliantissima alla temuta professoressa di matematica che aveva tormentato i miei anni di scuola media. Quando venne il mio turno mi sentii come il ragazzino di 11 anni che non era pronto per l'interrogazione.

Generalità, domande vaghe degli avvocati dell'accusa e della difesa, poi quelle del giudice, sempre più approfondite. Ci sono ragioni mediche per le quali non possa partecipare al processo? Sarebbe stato facile rispondere di sì, indicare qualche acciacco – chi non ne ha? –, esagerare il mal di schiena cronico, la discopatia, gli attacchi di sciatica, i bruciori di stomaco, ma il bisogno di dire la verità davanti al giudice con i capelli grigi a crocchia fu più forte. Proprio non mi riuscì di mentire. Era come se gli occhi di un'intera nazione fossero dietro le mie spalle.

«No, nessuna ragione sanitaria, Vostro Onore.»

«Che cosa fa per vivere?»

«Ehm, il giornalista.»

«Ha avuto esperienze negative con persone delle minoranze che la rendano pregiudizialmente ostile a loro?» La domanda era necessaria perché l'imputato era un agente di polizia afroamericano accusato di omicidio preterintenzionale per avere ucciso in una sparatoria la donna di un pregiudicato che viaggiava con lui in auto mentre tentava di sfuggire all'arresto.

Il parcheggiatore nero che mi aveva intruppato la macchina contro un pilastro d'acciaio non mi aveva reso razzista. «No, Vostro Onore, nessun pregiudizio.»

«Ha mai subito una condanna in un processo penale?»

Qui mi si accese una luce di speranza per evitare la colossale seccatura di giorni e giorni di udienza (sette, erano stati previsti).

«Yes! Vostro Onore.»

«Per che cosa?»

«Per guida pericolosa su un'autostrada della Virginia oltre il limite di velocità. Presi una condanna a 500 dollari più le spese processuali e il costo del mio legale.»

Negli occhi della mia professoressa di matematica si accese una luce di ironia. «In Virginia?» Mi sorrise facendomi capire che qualunque scusa avessi avanzato, lei aveva già deciso chissà perché di inchiodarmi fra i prescelti. «Qui non siamo in Virginia, caro signore, quel processo non conta.» Fece un cenno al cancelliere che mi consegnò gli strumenti per amministrare la giustizia: un grosso block notes giallo e una matita ben temperata.

Purtroppo il processo non arrivò mai al momento della delibera di noi giurati. Fu annullato per conflitto di interessi fra l'imputato e uno dei testi a carico, un collega della polizia che aveva sparato anche lui quel giorno e che sarebbe stato processato per lo stesso reato. Dunque avrebbe potuto caricare la propria deposizione per scaricare se stesso da eventuali responsabilità.

Quando il giudice, scusandosi profusamente, ci congedò mi dispiacque. Mi ero già investito del compito del dispensatore di giustizia. Avevo preso diligentemente appunti dopo le presentazioni del caso fatte dall'accusa e dalla difesa, avevo fraternizzato con gli altri undici membri della giuria, gente di ogni colore, età, istruzione, accenti, carattere, dal giovanotto musone alla signora loquacissima, dalla ragazza nervosa al vecchio ex avvocato in pensione, con i quali non avevo mai osato discutere del caso in esame prima di avere seguito l'intero dibattimento, per rispettare le severissime istruzioni del giudice.

Fummo congedati. Al momento di sfilarle davanti per uscire, la professoressa-giudice tornò a sorridermi ironica.

«Lo lasci qui» mi ordinò.

«Che cosa?»

«Quel taccuino che cerca di nascondere, dove ha preso gli appunti. Niente che riguardi il processo può lasciare l'aula.»

«Non sapevo, Vostro Onore, chiedo scusa.»

«Ma sì che lo sapeva» rise lei, e poi smise di ridere.

«Le regole, amico mio, valgono per tutti, anche per un giornalista. La giustizia» mi salutò «è una cosa seria.»

Appunto.

Vittorio Zucconi

La giustizia è una cosa seria

A Marina, Antonella, Francesco,
Marco, Massimo ed Emily

I
La giustizia

Come funziona veramente il sistema giudiziario nel nostro paese? Quali leggi sono efficaci e quali invece intralciano l'azione della magistratura nella sua lotta contro la criminalità organizzata? Quali provvedimenti potrebbero essere utili?

Nicola Gratteri, procuratore aggiunto presso la Direzione distrettuale antimafia di Reggio Calabria, è noto come magistrato che dice verità scomode ed esprime opinioni controcorrente. Non è abituale commensale di nessuno e la sera cena a casa, secondo una saggia e vecchia regola di prudenza.

Parlare di giustizia, in questo momento, non è facile, tira una brutta aria. E forse non è il caso di aggiungere considerazioni cupe a uno scenario già inquieto, anche se la politica si comporta come i musicanti che continuavano a suonare mentre il *Titanic* stava affondando.

La giustizia è una cosa seria, ripete spesso Nicola Gratteri. E meriterebbe una riforma seria, espressione di scelte condivise, concepite nell'interesse di tutti.

L'idea di riforma fa pensare a qualcosa da correggere, da cambiare, da migliorare. Le proposte avanzate dal governo non sembrano capaci di risolvere i tanti problemi della giustizia, come la lunghezza dei processi, le carenze di organico nei tribunali e nelle procure più esposte alla lotta contro le mafie e il malaffare politico. Ben altre sono, secondo Nicola Gratteri, le riforme che potrebbero aiutare la giustizia, come la revisione delle circoscrizioni giudiziarie che ricalcano ancora lo schema ottocentesco, quando le distanze venivano coperte a dorso di mulo, la riduzione del numero dei tribunali, l'utilizzo della posta elettronica per l'esecuzione delle notifiche, la depenalizzazione dei reati minori per riservare il processo penale alle questioni di maggiore allarme sociale e tanti altri piccoli accorgimenti studiati nell'interesse esclusivo della giustizia.

Oggi le inefficienze del sistema giustizia costituiscono sicuramente una priorità. Nove milioni di processi pendenti sono davvero un macigno. Ma per risolvere questi problemi c'è bisogno di un sereno confronto sociale e istituzionale, nel rispetto dei ruoli. Politici e magistrati dovrebbero riflettere sullo stato della giustizia, non scontrarsi, rischiando la delegittimazione reciproca.

Ci sono tante cose che non quadrano. La legge, che dovrebbe rappresentare il potere di chi non ha potere, spesso sembra non essere uguale per tutti; e nel paese prevale l'opinione che essa per alcuni sia più uguale che per altri.

Un tempo si diceva che per «coprire» gli occhi alla giustizia fosse sufficiente avere soldi e amicizie. Ora le disuguaglianze vengono legittimate in Parlamento con leggi che puniscono più gravemente l'immigrazione clandestina che il falso in bilancio o la corruzione per atto d'ufficio. Che gli straccioni e i galantuomini siano soggetti a due giustizie rimane il dubbio di sempre.

E, intanto, le mafie continuano a espandersi e a investire nelle zone più ricche del paese. Si muovono sotto traccia e si confondono tra gli onesti. Pochi denunciano e i politici minimizzano, come se quella della criminalità organizzata non fosse una questione aperta da centocinquant'anni. Fanno più paura i rom, i lavavetri, gli immigrati clandestini. Il malaffare si nasconde dietro i colletti bianchi, tra le pieghe di un sistema che favorisce i più furbi.

Un tempo si rubava per il partito, oggi per se stessi. Le cricche dilagano, impunite e impettite. Ogni tanto qualche politico disonesto finisce in galera. E la magistratura torna a essere «emergenza democratica» o, peggio, «minaccia allo Stato». Da molte parti s'invoca il rispetto della privacy, mettendo in discussione la legge sulle intercettazioni, uno strumento efficacissimo nella lotta alle mafie e alla malapolitica. E vengono proposte riforme che finiscono per garantire impunità a chi ha più potere.

È un'amara constatazione, ma sembra che questo paese abbia costantemente bisogno di mafia. Quasi non fosse capace di fare a meno dei suoi soldi e dei suoi voti.

Ma sono soldi e voti di quelle stesse mafie che si arricchiscono con i proventi della droga, del pizzo, dell'usura e che continuano a speculare sugli appalti come grandi idrovore di denaro pubblico, lasciando fluire verso imprenditori disinvolti, politici e funzionari corrotti fiumi di denaro sporchi di sangue. Le stesse mafie che votano e fanno votare: «Compare, ha vinto la destra e si sono spostati tutti a destra. Poi ha vinto la sinistra e si sono spostati tutti a sinistra». È il potere l'unica ideologia dei mafiosi.

Ma sono sempre più i politici a cercarne i voti, i favori. Come se fosse normale farsi sostenere da chi impedisce all'economia di decollare, al paese di crescere e ai giovani di sognare. Serve un riscatto della classe politica per evitare la dissoluzione d'un paese che continua a produrre collusione e corruzione, mafie e cricche.

Sapere, però, che esistono magistrati come Gratteri, impegnati a tenere ancora accesi i fuochi nel villaggio squassato dalla tempesta, e che con le loro sassate ci costringono alla riflessione, fa sperare in un'Italia che non solo resiste, ma che ha la forza di lottare. Ci sono loro, ma ci siamo anche noi.

ANTONIO NICASO: *La giustizia è un mondo complesso e difficile, che i cittadini però vogliono capire. Lei che idea s'è fatto?*

NICOLA GRATTERI: La giustizia è un mondo difficile da capire per chi non ci lavora dentro. Per Livio Pepino, magistrato e condirettore di «Narcomafie», la parola giustizia evoca, anzitutto, il sogno di libertà e uguaglianza per tutti che attraversa, irrealizzato, la storia dell'umanità. La giustizia dovrebbe «riconoscere e rispettare il diritto di ognuno mediante l'attribuzione di quanto gli è dovuto secondo la ragione e la legge».[1] Ma non è sempre così. Spesso purtroppo la giustizia deve fare i conti con la carenza di magistrati, personale amministrativo e risorse adeguate. Attualmente il deficit di organico è enorme – mancano 1187 magistrati su un totale di 10.151 – ed è destinato ad aumentare, in tempi brevi, con le richieste di pensionamento anticipato collegate alla nuova disciplina del trattamento di fine rapporto di servizio. Nelle procure, che rappresentano la prima linea dell'intervento giudiziario nella lotta alle mafie, un anno fa mancavano 249 magistrati. In Calabria in queste condizioni si trovano 10 procure su 11, in Sicilia 18 su 19.

Stesso discorso per quanto riguarda il personale amministrativo. Nel corso degli ultimi quindici anni si è registrata una continua e significativa diminuzione degli impiegati, senza che sia stato indetto un concorso per cancelliere.

C'è poi un contenzioso patologico, come lo ha definito il vicepresidente del Csm Michele Vietti, «che nel penale è incentivato dalla continua introduzione di nuovi reati e, nel civile, non viene disincentivato dalla tanto attesa semplificazione dei riti».[2]

Nel III secolo il giurista romano Ulpiano definì la giustizia come qualcosa che consente di «dare a ciascuno il suo». Ma che cos'è «il suo»?

Parole ancora attuali e che rimandano al criterio di equità, e quindi di giustizia. Un concetto cui dovrebbe ispirarsi il nostro vivere quotidiano. Quello che è certo è che «a ciascuno il suo» non dovrebbe mai poter significare la titolarità o il possesso «a prescindere» dalla legittimità a possedere. Parole antiche, che ancora ci chiamano alla coerenza etica fra il «cosa» ci appartiene e il «come» quella cosa è stata conquistata. I diritti sono il frutto di un cammino di cittadinanza che deve, necessariamente, accompagnarsi al pieno rispetto della legalità democratica.

«Il suo», secondo me, è ciò che ognuno di noi saprà conquistare nella vita, guidato dal criterio del reciproco rispetto.

In un passo della Repubblica *di Platone, Polemarco, interpretando una massima di Simonide, viene condotto da Socrate a sostenere che la giustizia è l'arte di fare del bene all'amico che è buono e del male al nemico che è cattivo. La giustizia presuppone dunque una società divisa in amici e nemici?*

Questo è un concetto che non mi sento di condividere. La giustizia non può essere un sistema di regole basate sull'egoismo, magari legittimato da un rapporto di forza. La giustizia, per me, è tutto ciò che può portare a un corretto rapporto tra l'esercizio del diritto e la forza a pretenderne il rispetto, chiunque sia l'altro e quantunque sia forte il potere di chi glielo contende. Nella storia ci sono varie definizioni di giustizia, a testimonianza che gli uomini l'hanno sempre considerata un elemento di primaria importanza per la vita sociale. Trasimaco riteneva che «i giusti, nella relazione con gli ingiusti, perdono sempre». E io aggiungo che perderanno sempre se non ci sarà la giustizia a difenderne le ragioni. Preferisco sottoscrivere il concetto enunciato dal filosofo Blaise Pascal, secondo cui la giustizia è «impotente» senza la forza e la forza è dispotica senza la giustizia. Occorre saper coniugare la giustizia con la forza per garantire che il giusto sia forte e che il forte sia anche giusto.

Ma, secondo lei, la magistratura non ha nulla da rimproverarsi nella crisi della giustizia?

Anche noi dobbiamo fare autocritica, dobbiamo riconoscere i nostri errori. Le convinzioni ideologiche non sempre hanno consentito una gestione coerente delle carriere. In certi casi, le appartenenze hanno prevalso sui meriti.

Ma non è possibile accettare che alcuni ci considerino gli unici responsabili di un sistema in crisi o, ancora peggio, dei fannulloni superpagati, riuniti in una corporazione impegnata a proteggere gli interessi di una casta accusata delle peggiori nefandezze. Lo dobbiamo ai colleghi che hanno pagato con la vita la passione per la giustizia e a quanti lavorano con impegno e in silenzio.

La crisi della giustizia in Italia ha un'origine complessa e non avrebbe senso tentare di semplificarla attribuendo ogni responsabilità alla politica. C'entra sicuramente anche la crisi di ideali che attraversa la nostra nazione e forse anche il mondo della magistratura. Ne è un esempio la cosiddetta «desertificazione» delle procure, con le numerose scoperture degli uffici giudiziari requirenti che, secondo alcuni, sarebbe dovuta a una legge, approvata sotto la precedente maggioranza di centrosinistra, che vieta ai magistrati di prima nomina di svolgere le funzioni di pubblico ministero. Le critiche non sono mancate neanche al nuovo governo di centrodestra, ritenuto responsabile di non avere subito modificato quella legge. Devo però ammettere che, pur non avendo nessuna intenzione di prenderne le difese, il governo ha tentato di evitare la scopertura delle procure più periferiche. Dapprima ci ha provato concedendo incentivi economici e di carriera; poi con un sistema che consentiva di assicurare il trasferimento d'ufficio verso le sedi scoperte. E quando, da entrambi i rimedi, non sono venuti gli effetti sperati, il governo ha deciso di derogare al divieto dell'invio dei magistrati di prima nomina nelle sedi del Sud.

Ma siamo poi tanto sicuri del fatto che un gruppo di giovani magistrati, ancora privi della necessaria esperienza, possa risolvere i problemi delle sedi requirenti periferiche? O non sarebbe stato meglio poter contare su magistrati esperti da contrapporre alle agguerrite organizzazioni mafiose? Forse anche tra i magistrati si vanno affievolendo la motivazione, la idealità, la voglia di combattere che, al momento dell'entrata in magistratura, li aveva spinti a mettersi in gioco per il trionfo della giustizia.

Sembra che anche il nostro autogoverno a volte preferisca gli atteggiamenti di tipo corporativo. Mi risulta per esempio che il Csm, mentre veniva annunciata la desertificazione delle procure, abbia realizzato la più grossa movimentazione di magistrati mai avvenuta prima, bandendo ogni sei mesi tutte le sedi più appetibili (come Roma o Milano), cosa che mai era avvenuta in passato. Un'opportunità che, come era prevedibile, ha invogliato molti colleghi a chiedere il trasferimento lasciando scoperte tante altre sedi del Sud.

Più che dare degli incentivi e approvare la legge sui trasferimenti d'ufficio il ministero che cosa poteva fare? E la magistratura poteva evitare la soluzione corporativa?

Certo è che la somma di queste decisioni si è trasfusa in una cultura impiegatizia dell'inamovibilità, non legata alle garanzie alte e nobili dell'indipendenza, ma alla scelta di svolgere il proprio compito nel modo più comodo, anche in presenza di una emergenza nazionale.

E, in questa emergenza, noi magistrati dovremmo interrogarci per cercare di capire anche il perché del nostro cambiamento.

Come dovrebbe essere un magistrato?

La migliore definizione è quella di Rosario Livatino, il giudice-ragazzino ucciso dalla mafia nel 1990: «L'indipendenza del giudice non è solo nella propria coscienza, nella incessante libertà morale, nella fedeltà ai principi, nella sua capacità di sacrificio, nella sua conoscenza tecnica, nella chiarezza e linearità delle sue decisioni, ma è anche nella sua moralità, nella trasparenza della sua condotta anche fuori delle mura del suo ufficio, nella normalità delle sue relazioni e delle sue manifestazioni nella vita sociale, nella scelta delle sue amicizie, nella indisponibilità a iniziative e ad affari, nella rinunzia a ogni desiderio di incarichi e prebende, specie in settori che, per loro natura o per le implicazioni che comportano, possono produrre il germe della contaminazione e il pericolo della interferenza»

Parole e concetti di straordinaria attualità, che disegnano il modello di professione nel quale ogni magistrato dovrebbe riconoscersi.

Nel XVIII secolo Cesare Beccaria, autore dell'opera Dei delitti e delle pene, *scrive: «Non c'è peggiore giustizia di quella che arriva in ritardo».*

È vero. In Italia ci sono processi che non finiscono mai. Da anni i codici di procedura penale e civile subiscono continue e inutili riforme. Come se al legislatore fosse utile una giustizia che non funziona. È emblematica la legge sul falso in bilancio, diventata ormai inapplicabile perché a nessuno conviene che venga applicata. A volte la giustizia sembra una macchina costruita per macinare acqua, per rimanere ferma.

Quindici anni fa, per i tre gradi di giudizio, trascorrevano in media otto anni e dieci mesi; oggi ce ne vogliono nove e mezzo. Il nostro è uno Stato autolimitativo che fa di tutto per porsi dei paletti, anche quando non se ne vede la necessità. Non possono esserci scelte costituzionali mirate che consentano alla politica di controllare il giudice, ma neanche leggi che possano ostacolare il sistema giudiziario nella persecuzione dei reati.

Eppure da tempo si parla di processo breve, di riti abbreviati. Sono utili alla giustizia?

Nessun beneficio per il sistema giustizia. Si tratta di meccanismi che consentono di accorciare le pene degli imputati, ma non i tempi del processo. E non capisco come si possa continuare a sostenerne l'utilità. Sarebbe meglio riflettere e non cedere alle facili suggestioni.

Nei processi di mafia, il rito abbreviato non serve a nulla. Non velocizza i processi e aiuta i mafiosi a ottenere pene meno pesanti. Basta seguire la prassi giudiziaria per capirlo.

Se quaranta imputati su cinquanta chiedono di essere giudicati con il rito abbreviato, in caso di condanna beneficeranno della riduzione di un terzo della pena. Per dimostrare la penale responsabilità degli altri dieci imputati, da giudicare con il rito ordinario, bisognerà sentire in dibattimento nel contraddittorio delle parti decine di testimoni, spesso ufficiali di polizia giudiziaria, e ripercorrere la posizione penale degli altri quaranta imputati, già giudicati con il rito abbreviato. E allora, dov'è il guadagno per la giustizia? Dov'è l'abbattimento dei costi e dei tempi? Se veramente si vuole combattere la mafia bisogna che la giustizia possa contare sulle necessarie risorse di uomini e tecnologia. Della clemenza si potrebbe fare un uso migliore se dedicata a chi vuole collaborare con la giustizia e non a chi si arricchisce sulle spalle della gente onesta.

La riforma della giustizia è un tema ricorrente. Secondo lei serve? E serve a tutti?

Non si può giudicare compiutamente una bozza. È più corretto valutare l'articolato di un disegno di legge, di una proposta, di un decreto. Il ministro della Giustizia Angelino Alfano ha garantito che non ci sarà nessuna ingerenza del potere esecutivo in quello giudiziario. Aspettiamo con fiducia che dalle parole si passi ai fatti. Finora, le intenzioni di questa riforma non sono state molto chiare. Si è parlato di separazione delle carriere, di responsabilità civile dei giudici, di differente articolazione del Csm, di modifiche per la Corte costituzionale (con decisioni a maggioranza qualificata dei due terzi dei membri e non più a maggioranza semplice). C'è molta confusione. Come ha spiegato efficacemente il presidente dell'Associazione nazionale magistrati, Luca Palamara, «la priorità oggi è costituita dal malfunzionamento del sistema giudiziario, che sconta ormai da troppo tempo una grave crisi per la mancanza di un'adeguata risposta alla legittima domanda di giustizia dei cittadini, con effetti negativi sulla credibilità dell'istituzione nel suo complesso e su quella dei singoli magistrati, che vengono spesso individuati quali unici responsabili delle palesi disfunzioni e sui quali finiscono per concentrarsi inevitabilmente le insoddisfazioni della collettività».

Serve una riforma seria, ma non strillata. Prendiamo per esempio l'idea della separazione delle carriere. Non ne riesco a comprendere le ragioni, a meno che non si voglia credere, ed è tutto da dimostrare, che l'intercambiabilità delle funzioni possa favorire il pubblico ministero a discapito degli imputati. Se questo fosse vero, andrebbero separate pure le carriere tra giudice di primo grado e giudice di appello e tra giudice di appello e giudice di cassazione. L'unicità della carriera costituisce una maggiore garanzia di agganciamento del pubblico ministero a una cultura giurisdizionale.

Inoltre le poche risorse vanno spese meglio. Gli uffici della magistratura giudicante e quelli della requirente dovrebbero seguire l'esempio delle direzioni distrettuali antimafia che hanno permesso la concentrazione delle competenze in alcune sedi.

Stesso discorso vale per le cosiddette cause inutili. Come è possibile impegnare la macchina della giustizia per tre gradi di giudizio anche di fronte a reati di poco conto? Non sarebbe più saggio definire la vicenda con il pagamento di una pena pecuniaria di fronte a un'autorità amministrativa? Perché si continuano a celebrare processi nei confronti di contumaci e irreperibili quando le sentenze rischiano di non avere esecuzione o di restare solo sulla carta? Quante volte si è parlato della necessità di informatizzare l'attività giudiziaria e i servizi connessi per dare finalmente modernità ed efficienza all'amministrazione della giustizia? Informatizzare vuol dire abbattere i tempi, i costi e gli abusi da parte di servitori infedeli dello Stato. Penso per esempio alle notifiche, che potrebbero essere fatte attraverso la posta elettronica certificata.

La mancanza di risorse molto probabilmente ci costringerà ad abbandonare le tastiere e a riprendere in mano la penna, a tirar fuori i vecchi archivi cartacei e a rimettere in sesto il fotocopiatore a causa della sospensione dei servizi di manutenzione e assistenza ai sistemi informatici. La circolare inviata a fine dicembre 2010 dal ministero della Giustizia ai presidenti di Corti di appello e procuratori generali non induce all'ottimismo. Se l'informatizzazione verrà meno, il principale sconfitto sarà il cittadino. Un duro colpo alle aspettative di quanti, da anni, chiedono che il settore giudiziario venga considerato come strategico per il paese. Altro che riforma!

Più volte è stato proposto il taglio del numero dei tribunali, ma l'idea dell'accorpamento non piace, perché la chiusura di alcune sedi giudiziarie rischia di creare problemi sul piano del consenso politico. Qual è la sua opinione?

La necessità di una organica distribuzione delle circoscrizioni giudiziarie alimenta da anni un vivace dibattito e, soprattutto in occasione dei vari e vani tentativi di riforma, sono emerse le numerose difficoltà di carattere sia organizzativo che politico che finora ne hanno impedito la fattibilità.

All'entrata in vigore della legge sul giudice unico, avevamo una rete di 164 tribunali di cui 108 con un organico inferiore a 15 giudici e 78 con un numero inferiore a 10. Inoltre ben 29 tribunali, con non più di 5 giudici, operavano in uno stato di permanente emergenza. Una frammentazione che ancora crea notevoli difficoltà di funzionamento nella gran parte degli uffici medio-piccoli, dove il flusso limitato di lavoro si traduce in un sottoutilizzo e spesso in una dequalificazione del personale in cui si innestano evidenti situazioni di spreco. Non sono neanche rari i casi di giudici valenti che chiedono il trasferimento da queste sedi con conseguente indebolimento di una qualificata risposta al bisogno di giustizia.

Le numerose decisioni con le quali, nel settore penale, la Corte costituzionale ha sancito l'incompatibilità tra il giudice delle indagini preliminari e il giudice del dibattimento ha dato origine a ulteriori complicazioni. Un'incompatibilità fra i giudici che ha reso più difficile assicurare la giustizia penale nei piccoli uffici giudiziari.

Come già in tante precedenti occasioni, anche durante i lavori di approvazione della riforma dell'ordinamento giudiziario voluta dal ministro Roberto Castelli sono emersi chiari segnali di avversione nei confronti della riorganizzazione della geografia giudiziaria. In fase di disegno di legge, il progetto di riforma prevedeva anche una delega «al fine di razionalizzare la distribuzione degli uffici giudiziari nel territorio dello Stato». Ma il dibattito sempre più acceso, con momenti di strumentale polemica messa in campo dai diversi schieramenti politici, non lo ha consentito, nonostante la costituzione di un Comitato permanente per l'organizzazione giudiziaria.

Il dibattito, dentro e fuori dal Parlamento, ha messo in evidenza i condizionamenti che gravano su ogni tentativo di riorganizzazione territoriale degli uffici, facendo emergere i soffusi interessi che circondano un ufficio giudiziario. Interessi economici e politici, che il campanilismo, il corporativismo e le lobby hanno voluto difendere.

Nonostante le motivazioni a tenere in vita sedi giudiziarie in esubero siano ancora rilevanti, le ragioni che, ormai oltre un secolo fa, hanno guidato la definizione della rete territoriale dei tribunali non sono più rispondenti alle caratteristiche del paese. Ragioni che oggi sono superate da una marcata evoluzione socio-economica e da una nuova e più efficiente fruibilità del territorio. La crescente razionalità di gestione delle comunicazioni e della burocrazia certificatoria rende finalmente possibile modificare la rete dei tribunali.

Ma alla domanda di una migliore gestione della giustizia non si può rispondere con l'indiscriminato aumento dell'organico della magistratura che qualcuno propone. Il rimedio potrebbe rivelarsi più dannoso del male che ci si propone di curare. Si andrebbe incontro a una deresponsabilizzazione di magistrati e dirigenti, con un serio rischio di dequalificazione della magistratura professionale nel suo complesso.

Un utile contributo ce lo offre Stefania Pellegrini, docente di Filosofia del diritto dell'università di Bologna, che all'urgenza di una razionale distribuzione associa la necessità di un'attività di ricognizione capace di individuare gli elementi caratterizzanti il contesto, sia dal punto di vista socio-economico che fisico-geografico. L'attento e sistematico monitoraggio del territorio e la messa a fuoco di idonei parametri, come l'elevato indice di criminalità organizzata e la presenza di importanti insediamenti, possono guidare verso una equa razionalizzazione.

Sono convinto che solo un progetto di geografia giudiziaria che sappia leggere, con serietà e completezza, tutte le caratteristiche del territorio quali la presenza di insediamenti produttivi e commerciali, di efficienti strutture turistiche e di funzionali strutture carcerarie avrà la forza di giungere a un ponderato bilanciamento degli interessi che sappia valorizzare le esigenze di efficienza sottese ai progetti di revisione. Attualmente potrebbero essere accorpati almeno venti tribunali, dieci dei quali solo in Piemonte.

È stata messa in discussione anche l'obbligatorietà dell'azione penale. Lei che cosa ne pensa?

L'esercizio dell'azione penale è sancito dalla Costituzione. Il nostro ordinamento statale è fondato sulla uguaglianza di tutti i cittadini di fronte alla legge, in particolare alla legge penale. Per evitare che l'uguaglianza potesse rimanere un valore astratto, il legislatore costituente ha previsto l'obbligatorietà dell'azione penale, principio in forza del quale chiunque commetta un reato è chiamato a risponderne davanti alla legge, indipendentemente dalla posizione sociale che occupa, dalla professione che svolge, dalla ricchezza di cui dispone e dal potere che esercita. Di fronte ai tentativi per limitare l'esercizio dell'azione penale, secondo priorità stabilite dal Parlamento, vale la pena ricordare le parole di Gustavo Zagrebelsky: «Senza uguaglianza la libertà vale come garanzia di prepotenza dei forti, cioè come oppressione dei deboli. Senza uguaglianza, la società, dividendosi in strati, diventa gerarchia. Senza uguaglianza, i diritti cambiano natura: per coloro che stanno in alto diventano privilegi e, per quelli che stanno in basso, concessioni o carità. Senza uguaglianza, ciò che è giustizia per i primi è ingiustizia per i secondi».[3]

Cosa ne pensa della proposta, più volte avanzata, di depenalizzare i reati minori?

La depenalizzazione dei reati minori potrebbe dare un utile contributo ai tanti mali della giustizia, ma solo con la garanzia che, sempre e concretamente, venga applicata la sanzione amministrativa sostitutiva. Senza questa certezza, potremmo ritrovarci con intere aree normative desanzionate. Un rischio inammissibile per una democrazia che voglia rispettare i propri principi costituzionali.

E a questo proposito, credo che potrebbe senz'altro essere utile l'istituzione di un organismo unico a cui demandare l'esecuzione delle sanzioni amministrative.

Una delle tante bozze di riforma prevede la possibilità di sottrarre la polizia giudiziaria al controllo del pubblico ministero.

Era una proposta talmente insostenibile che anche chi l'aveva ipotizzata se n'è reso conto e ha successivamente precisato che la polizia giudiziaria resterebbe alle dipendenze del pubblico ministero, ma «nelle forme stabilite dalla legge». Che cosa significa? Dietro queste parole potrebbe celarsi una limitazione dei poteri del pubblico ministero? Restiamo nel campo delle ipotesi. Alcuni ritengono che il rapporto tra il pubblico ministero e la polizia giudiziaria sia troppo stretto, ma io penso sia giustificato dal momento che è proprio sul pm che incombe poi il dovere di sostenere in aula l'esito delle indagini. Non ci sono pretese di gerarchie, l'attività della polizia è stata e resta autonoma.

Le alte cariche della Repubblica sono meritevoli di tutela costituzionale. Perché allora toni tanto accesi ne accompagnano la proposta di legge?

Il Lodo Alfano rischia di bloccare processi in corso e mostra evidenti aspetti di debolezza sul piano etico e giuridico. Non convince l'interpretazione che presenta il lodo come una misura per tutelare le alte cariche dello Stato da eventuali futuri processi. Fa pensare, piuttosto, a un meccanismo per impedire lo svolgimento di procedimenti legati a reati presumibilmente commessi in tempi precedenti.

In altri paesi la sospensione dei processi per i capi di Stato viene consentita solo in casi eccezionali, e sempre in relazione all'esercizio delle funzioni istituzionali.

Per casi simili, la nostra Costituzione prevede filtri per l'accertamento dell'eventuale *fumus persecutionis*, mentre il Parlamento ha anche la possibilità di negare al Tribunale dei ministri l'autorizzazione a procedere.

Anche la definizione non mi sembra la più rispondente. Il lodo rappresenta un arbitrato *super partes*, mentre questa proposta di riforma sembra tenere maggiormente conto delle ragioni di una parte.

Negli ultimi tempi si è registrata una forte contrapposizione con la politica ed è stata ipotizzata anche l'istituzione di una commissione d'inchiesta sulla magistratura. Lei che cosa ne pensa?

Non potrei essere certo io a impedirlo, né saprei dire che cosa dovrebbe accertare questa commissione. C'è il rischio che dalla separazione dei poteri si passi alla rissa tra i poteri. Autorevoli costituzionalisti, fra cui anche Michele Ainis, spiegano che le finalità di un'inchiesta parlamentare possono essere sostanzialmente di due tipi: legislativo e politico. Nel primo caso, la commissione d'inchiesta acquisisce strumenti utili per legiferare. Nel secondo caso, quello politico, si chiederebbe al Parlamento di indagare su un altro potere dello Stato. Nella nostra ipotesi, sulla magistratura.

L'idea della commissione d'indagine sembra voler mettere in discussione compiti e limiti già assegnati dalla Costituzione.

I magistrati non sono avversari della politica. Il terreno dello scontro nel quale si cerca di trascinarci non ci appartiene. Come ha spiegato il presidente dell'Anm, Luca Palamara, nella relazione introduttiva al XXX Congresso nazionale dell'Anm, «il rapporto tra la magistratura e gli altri poteri deve accantonare sterili polemiche e strumentali antagonismi, per individuare validi strumenti di politica giudiziaria che, invece, purtroppo, a tutt'oggi, latitano, come continua a mancare un'organica e razionale riforma della giustizia. Abbiamo assistito, infatti, a una serie di interventi episodici e contingenti dettati dall'esigenza di risolvere situazioni legate a singole vicende processuali e sempre mirati a limitare l'autonomia e l'indipendenza della magistratura».

E a chi vi accusa di essere presenzialisti, amanti della scena, che cosa si sente di rispondere?

Giovanni Falcone aveva individuato l'importanza di rivendicare i propri spazi di intervento, contrapponendo, se necessario, informazione a informazione. Ma sempre nel rispetto dei ruoli e con spirito costruttivo. Non siamo sovversivi. Io non faccio politica, né ho intenzione di farne. Rispetto, ma non condivido, le ragioni di quei magistrati che entrano in politica rischiando di farsi fagocitare dalle logiche di parte e di potere.

In un'Italia costretta a confrontarsi con frequenti fatti di corruzione, la politica sembra guardare molto nella direzione delle garanzie individuali e poco a quelle della collettività. Come ne esce il diritto di uguaglianza dei cittadini davanti alla legge?

È un male antico. Nella seconda metà dell'Ottocento scoppiò lo scandalo della Banca Romana con il suo desolante panorama di corruzione e connivenza tra banchieri, imprenditori, prelati, giornalisti, speculatori, politici e magistrati. Nonostante il clamore suscitato dall'inchiesta, non si riuscì a fare piena luce su quei pericolosi intrecci. Vennero tutti assolti. E presto quasi tutti tornarono ai loro posti. Francesco Crispi, coinvolto nello scandalo, ma prosciolto in istruttoria, prese il posto del primo ministro Giovanni Giolitti che, costretto a dimettersi nel 1893 per i suoi legami con alcuni protagonisti di quella vicenda, resterà lontano da incarichi istituzionali per dieci anni, tornando a Palazzo Chigi nel 1903.

Il potere per sua natura ne promuove l'abuso da parte di chi lo esercita; e per evitarlo bisognerebbe poter applicare la ricetta che nel 1748 Montesquieu propone nello *Spirito delle leggi*: «Occorre che il potere arresti il potere». Pertanto, diventa necessario che rimangano, separati tra loro, i tre poteri in cui si esplica la sovranità dello Stato: legislativo, esecutivo, giudiziario.

Sull'efficienza dell'apparato investigativo non ci sono dubbi, mentre sarebbe importante riflettere sulla consistenza dei mezzi disponibili. I filoni di indagine sono tanti e per svilupparli tutti servirebbe il doppio di uomini e risorse.

Lei, da vent'anni, coordina indagini sugli affari più lucrosi della 'ndrangheta. Come giudica la legislazione antimafia in Italia?

Da tempo sostengo che la nostra legislazione necessita di riforme. Il legislatore dovrebbe partire da una semplice considerazione: sono almeno centocinquant'anni che esistono le mafie in Italia. Come ha scritto Isaia Sales, tra i più lucidi studiosi di criminalità organizzata in Italia, se non sono state ancora sconfitte vuol dire che i motivi del loro successo sono stati individuati solo in parte. Le leggi finora adottate sono nate in fretta, preparate in modo poco razionale, sull'onda emotiva di qualche delitto eccellente o di qualche strage.

L'iter normativo della legislazione antimafia è iniziato nel 1962 con l'istituzione della commissione parlamentare d'inchiesta sul fenomeno della mafia in Sicilia. Il primo errore è stato quello di puntare l'attenzione solo e soltanto sulla Sicilia. La prima legge antimafia è arrivata nel 1965.

Tra le tante proposte della commissione parlamentare vennero accolte solo quelle sulle misure di prevenzione come la sorveglianza speciale e il divieto o obbligo di soggiorno, una vecchia misura già sperimentata alla fine dell'Ottocento con modalità diversa e nota come confino di polizia. Con questa legge la parola mafia è entrata per la prima volta in un testo normativo, pur non definendo il reato di associazione mafiosa. C'era solo il 416, cioè l'associazione a delinquere. La misura del soggiorno obbligato ha contribuito a diffondere il fenomeno mafioso in altre regioni d'Italia. L'errore è proprio nel presupposto di quella legge: si era pensato, sbagliando, che lontano dai paesi di origine i mafiosi avrebbero fatto fatica a continuare le proprie attività illecite.

Per riconoscere il reato di associazione mafiosa c'è voluto l'omicidio di Pio La Torre, un deputato comunista che s'era sempre battuto contro la mafia, e quello del prefetto Carlo Alberto Dalla Chiesa, della moglie e di un agente di scorta. Ma questa legge, che ha consentito di colpire i patrimoni mafiosi, aveva un limite, non permetteva di sequestrare i beni ai boss deceduti e di rivalersi sugli eredi. Ci sono voluti ventotto anni per correggere questo errore, così come c'è voluto oltre un secolo per inserire la parola 'ndrangheta in un testo di legge. Ma ora è urgente capire senza attendere il prossimo delitto eccellente.

Tra i tanti provvedimenti adottati per combattere le mafie c'è anche quello che prevede lo scioglimento dei consigli comunali. Perché non si fa lo stesso con le province e le regioni?

Estendere la procedura anche alle province e alle regioni potrebbe senz'altro aiutarci nella lotta alle mafie, ma la legge su cui oggi possiamo contare è un po' ambigua.

A Fondi, secondo la Direzione investigativa antimafia

(Dia), alcuni clan di 'ndrangheta e camorra si erano infiltrati nel tessuto economico e politico della cittadina del Basso Lazio, condizionando in particolare il Mof, uno dei più grossi mercati ortofrutticoli del Mediterraneo. Nonostante la richiesta della Commissione d'accesso, però, non si è proceduto allo scioglimento ma si è atteso che fosse la stessa giunta comunale a dimettersi.

Dal 1991, con la legge 221, ci sono stati 196 decreti di scioglimento di consigli comunali, di cui 85 in Campania, 49 in Calabria, 52 in Sicilia e 10 nel resto d'Italia. I più colpiti da questo provvedimento sono stati i comuni delle province di Napoli, Caserta, Catanzaro, Reggio Calabria, Vibo Valentia, Crotone, Cosenza, Trapani, Agrigento, Caltanissetta e Palermo. È utile ricordare che il maggior numero di decreti di scioglimento per infiltrazioni mafiose si è registrato nelle fasi in cui il paese era guidato da governi tecnici.

Le faccio un altro esempio. L'articolo 416ter punisce il voto di scambio solo in presenza di una contropartita in denaro, ma sono rari i casi in cui si verifica una situazione di questo tipo, cioè denaro in cambio di voti. Questa norma andrebbe modificata, e bisognerebbe anche rendere penalmente rilevante la promessa di benefici, raccomandazioni in cambio di voti.

I ricorrenti casi di scioglimento dei comuni mettono in evidenza le relazioni tra la politica e il mondo dell'impresa. Quanto può essere pericoloso?

È una relazione talmente pericolosa da trasformarsi, sempre più spesso, in un abbraccio mortale. Le somme in gioco sono enormi; 80 miliardi di euro all'anno ruotano intorno agli appalti pubblici. Un affare troppo appetibile per i mafiosi che hanno bisogno di riciclare i profitti nell'economia legale per giustificare la loro enorme ricchezza e per gestire il potere.

Il rapporto di Confesercenti del 2008 ha confermato che le mafie, con un fatturato di 130 miliardi di euro all'anno, sono la più grande azienda del paese. Nonostante la normativa italiana in materia di contrasto al riciclaggio e di aggressione ai patrimoni criminali si sia rivelata poco efficace, però, qualcosa sta cambiando. A volte in modo positivo, altre volte meno. Per esempio, recentemente è stata istituita l'Agenzia nazionale per l'amministrazione e la destinazione dei beni sequestrati e confiscati alla criminalità organizzata, ma di contro è stato introdotto lo scudo fiscale, che potrebbe aiutare il rientro in Italia di capitali sporchi.

Ho pensato da subito che lo scudo fiscale avrebbe potuto rivelarsi un grande regalo alle mafie e alla politica corrotta. Un'idea confermata anche dalle indagini. Un assessore provinciale di Monza durante una conversazione con il figlio dice di aver nascosto 500.000 euro in un conto cifrato in Svizzera in attesa di ripulirli con lo scudo fiscale. Non è l'unico caso, ma è un segnale che purtroppo conferma i nostri timori. Grazie a questo provvedimento, sono potuti rientrare in Italia, in modo legale, 105 miliardi di euro illecitamente esportati. Come spiega Cesare Vincenti, magistrato con funzioni di presidente della sezione misure di prevenzione del tribunale di Palermo, «lo scudo fiscale, nel consentire il rimpatrio di capitali, assicurando l'anonimato ed escludendo in larga misura anche la possibilità di segnalazione delle operazioni sospette, indebolisce il messaggio diretto alla massima trasparenza e contraddice la filosofia generale di intervento per il contrasto all'economia illegale».

L'infaticabile lavoro dello Stato nell'aggressione dei patrimoni illegittimi, insomma, si scontra con tante difficoltà e di diversa natura. Il rischio è di continuare a confiscare le briciole. I circa dieci anni che di solito intercorrono tra il sequestro e la confisca sono tempi eccessivi che non aiutano la giustizia, né le aspettative della società civile. In un periodo così lungo, il bene sequestrato perde valore e per poterlo utilizzare sono necessari consistenti investimenti.

Come ci si può liberare da questo soffocante abbraccio?

Bisognerebbe premiare le imprese pulite, quelle che hanno il coraggio di ribellarsi alle mafie, quelle che non pagano il pizzo e quelle che non utilizzano cemento depotenziato e manodopera in nero. Insomma, tutte quelle imprese che mostrano di voler coniugare il rispetto delle regole del mercato con la legge e l'etica.

In che modo si potrebbero aiutare le imprese virtuose?

Le amministrazioni pubbliche non dovrebbero tenere conto solo del massimo ribasso, ma anche valorizzare la gestione trasparente e la storia delle imprese che partecipano ai bandi per l'aggiudicazione di appalti. Se il costo del lavoro e i tempi di consegna resteranno le uniche discriminanti, avranno sempre la meglio i furbi e i forti che spesso sono anche mafiosi.

Come si può combattere il pizzo che pesa come un macigno sulle spalle del mondo economico?

C'è una proposta di legge di iniziativa popolare per rendere obbligatoria la denuncia del racket del pizzo. Potrebbe essere una soluzione, anche se mi auguro che i commercianti possano continuare a ribellarsi non perché obbligati dalla legge, ma per un impagabile desiderio di libertà. Senza diritto d'impresa non c'è futuro. L'imprenditore che non denuncia procura un danno grave non solo a se stesso, ma anche all'intera collettività. Il suo silenzio finisce per favorire il sistema mafioso, alterando le regole del mercato.

In Italia lo scorso anno c'è stata una forte campagna di stampa contro la cosiddetta legge-bavaglio, mai entrata in vigore, ma che ha mobilitato opinione pubblica, giuristi, intellettuali, studenti e cittadini comuni, tutti schierati in difesa della libertà d'informazione, correttamente intesa come libertà di essere informati e quindi come libertà di informare. Se lo aspettava?

Più che a tutela del cittadino, quella presentata è sembrata una legge a difesa della privacy del potere che, se approvata, avrebbe finito per costruire attorno alle mafie una diga di silenzio. Proprio quel silenzio di cui le mafie hanno bisogno per meglio gestire le loro attività. Avrebbe dovuto rappresentare un'ulteriore protezione del diritto alla privacy, ma non se ne vedeva e non se ne vede la necessità, dal momento che il nostro Codice già prevede e regolamenta un prudente utilizzo delle intercettazioni, limitate solo ai casi in cui ricorrano gravi indizi di reato. Meglio sarebbe intervenire a monte per individuare, in caso di fuga di notizie, le responsabilità effettive, impedendo che chi ha l'obbligo istituzionale di tutelare il segreto investigativo finisca poi per violarlo impunemente. La tutela della libera informazione è il più prezioso patrimonio di una democrazia.

Negli Stati Uniti nessuno può impedire la pubblicazione di una notizia. Il cronista deve solo accertare l'attendibilità della fonte da cui essa proviene e verificarne l'interesse generale ad apprenderla. Come scriveva Cesare Beccaria, «pubblici siano i giudizi e pubbliche le prove del reato», sottolineando come il segreto fosse «il più forte scudo della tirannia».

Si scrive e si legge di più. Oggi i cittadini sono più consapevoli?

Senza la libera informazione, poco o nulla si sarebbe saputo dello scandalo della Protezione civile, nato con l'intercettazione delle conversazioni tra imprenditori dell'edilizia interessati alla ricostruzione in Abruzzo: un susseguirsi di parole e risatine compiaciute perché il terribile terremoto, che in quei momenti stava ancora squassando L'Aquila, appariva loro come una straordinaria occasione di guadagno. La tragedia in atto non turbava minimamente le loro coscienze.

Non si può impedire che i magistrati indaghino, i giornali raccontino e i cittadini prendano coscienza. La libertà di informazione, con tutti i problemi che può provocare, è un valore assoluto. Non è un accessorio della democrazia. Senza quello, lo diceva già nell'Ottocento Tocqueville, non c'è libertà.

Un rapporto tormentato e sempre sull'orlo della crisi, quello tra la politica e l'informazione. Sembra che la penna sia diventata uno strumento pericoloso. Ma non è questo il ruolo della libera informazione?

Ho partecipato recentemente a un convegno organizzato nell'ambito del Premio Giuseppe Fava. Ero a Catania quando la mafia lo ha ammazzato. Ero iscritto alla facoltà di Giurisprudenza e sognavo di fare il magistrato. Ricordo le sue denunce, il suo coraggio. Scriveva: «Un giornalismo fatto di verità impedisce molte corruzioni, frena la violenza della criminalità, accelera le opere pubbliche indispensabili, pretende il funzionamento dei servizi sociali, tiene continuamente all'erta le forze dell'ordine, sollecita la costante attenzione della giustizia, impone ai politici il buon governo». Aveva un concetto etico del giornalismo che ancora oggi condivido pienamente.

Spesso si parla di fuga di notizie. Come è possibile e, soprattutto, perché non vengono individuati i responsabili?

Io lavoro presso la procura di Reggio Calabria, dove esiste la sala d'ascolto con il sistema di remotizzazione più grande d'Italia.[4] Ci sono tre stanze piene di armadi nelle quali si registrano le conversazioni, oggetto di indagine. Ogni armadio è un server che registra e conserva i dialoghi su tre piste, alimentato in caso di blackout da gruppi elettrogeni, con un proprio cablaggio a fibre ottiche che rende inviolabile il sistema. Resto veramente perplesso quando sento parlare di fuga di notizie. Con la nostra tecnologia è possibile seguire perfettamente ogni traccia che lascia la registrazione e siamo quindi in grado di sapere se e quando quel file è stato trasferito su chiavi Usb o mezzi telematici esterni. Inoltre, se ogni file viene protetto con una password, l'ascolto può essere riservato solo a chi lo ha prodotto, disegnando una tracciabilità che ci consente di conoscere in tempo reale chi ha fatto uscire il file fuori dalle stanze e a chi è stato inviato. Non è difficile porre rimedio alla fuga di notizie. Basta volerlo.

Quanto costa un'intercettazione?

A Reggio Calabria un'intercettazione costa 11 euro più Iva al giorno e ci consente, per esempio, di seguire tutti gli spostamenti di un indagato, di monitorare ogni suo movimento nei dettagli, perfino sapere in quale abitazione entra. Un pedinamento da Reggio Calabria a Roma costa in media 3000 euro e senza la certezza del risultato, perché talvolta il pedinato se ne accorge e riesce a farla franca.

Non c'è dubbio che intercettare un telefono, in questo

caso, sia decisamente più conveniente, non solo per rapidità e valore della prova, ma anche per il basso costo. L'intercettazione è uno strumento prezioso, ma delicato, e il suo utilizzo richiede grande prudenza agli investigatori. Una prudenza che, in alcune fasi delle indagini, deve essere ancora maggiore per evitare il rischio di esporre il cittadino alla gogna mediatica, soprattutto quando egli risultasse estraneo alle indagini. Le intercettazioni restano comunque un insostituibile strumento investigativo nella lotta al malaffare e alla criminalità organizzata, tanto più in un paese come il nostro, contagiato da una corruzione endemica e infiltrato da numerose e potenti mafie, come cosa nostra, 'ndrangheta, camorra, mafia dei basilischi, sacra corona unita e le altre mafie pugliesi.

Anche a Milano è stato istituito un tetto massimo di spesa per ogni intercettazione da usare nei casi di effettiva necessità.

Penso che abbiano fatto bene. A Milano si spendevano 22 euro al giorno per utenza intercettata. Il procuratore aggiunto Alberto Nobili ha fissato in 11 euro più Iva il limite massimo di spesa giornaliera per un servizio 24 ore su 24. Valori che la procura di Reggio Calabria rispetta da anni. Va ricordato, comunque, che in Italia dal 2005 in poi vi è stata una costante flessione delle spese, con punte di decremento pari al 20% in meno, da un anno all'altro. Nel bilancio complessivo dello Stato del 2007, le risorse destinate alla giustizia sono state pari a 7,7 miliardi di euro, e, di questa somma, solo il 2,9%, pari a 224 milioni, è stato destinato alle intercettazioni. Una spesa che potrebbe essere ancora ridotta, come ha segnalato il procuratore aggiunto di Palermo, Antonio Ingroia: «Pochi sanno che una parte cospicua delle spese per le intercettazioni telefoniche è costituita dalle fatture presentate dalle compagnie telefoniche

che gli uffici di procura sono costretti a liquidare per l'uso della linea, necessario per l'intercettazione. Ora, poiché si tratta di servizio gestito in regime di concessione pubblica, non si capisce perché lo Stato debba, di fatto, pagare una seconda volta alla società concessionaria il costo della telefonata intercettata (già a carico dell'utente intercettato)». Per Ingroia si potrebbe ridurre il costo delle intercettazioni formando nuclei specializzati all'interno dei corpi di polizia e dotandoli delle necessarie apparecchiature che consentirebbero di eliminare i costi di noleggio.

Ma il governo insiste: si fa abuso di intercettazioni.

Non si tratta di abuso, ma del fatto che mentre abbiamo un alto numero di delinquenti, per fare indagini non possiamo contare su un altrettanto alto numero di magistrati. La legge sulle intercettazioni sembra quasi progettata per ostacolare l'attività investigativa. La distinzione dei reati, tra ordinari e mafiosi, è poco utile perché inizialmente molti di essi si presentano come ordinari. Sarebbe stato certamente più proficuo chiedere a chi svolge lavoro investigativo di quali strumenti avesse effettivamente bisogno, anziché proporre la limitazione delle intercettazioni.

Con le norme proposte che riducono, e a volte vietano, l'utilizzo delle telecamere, non avremmo mai arrestato latitanti come Totò Riina. È difficile pensare di poter installare telecamere solo in luoghi dove si sa che ci sono persone sulle quali si sta indagando. Vuol dire rassegnarsi a non trovarle mai.

La legge sulle intercettazioni è stata paragonata al «Grande Fratello». Si è parlato di 7,5 milioni di persone intercettate. Che cosa c'è di vero?

Anche i dati numerici sono palesemente esagerati e sanno di assurdo. Se fossero vere le cifre folli di 7,5 milioni di persone intercettate che effettuano dieci chiamate al giorno di tre minuti ciascuna per una durata media di quaranta giorni, si genererebbero 9 miliardi di minuti di registrazione per i quali sarebbe necessario impiegare duecentoquattromila operatori di polizia giudiziaria, per cinque ore al giorno per duecentoventi giorni. Sembra pura fantascienza, soprattutto alla luce della carenza di personale; ma rimane il problema della fuga di notizie che è da risolvere perché danneggia i cittadini e la giustizia.

Alfredo Mantovano, ex magistrato, oggi sottosegretario all'Interno, ha dichiarato al quotidiano «il Giornale» che per alcuni pubblici ministeri spiare è un'abitudine.

Mantovano probabilmente voleva invitare i magistrati all'autocritica. Forse ci sono pm con il vizio di spiare, ma io non lo so. Se questo fosse vero, bisognerebbe fare i nomi e trasmetterli al Consiglio superiore della magistratura. Io non penso si possa per l'eventuale e non corretta condotta di qualche magistrato penalizzare tutti gli altri. Colgo, comunque, nelle parole del sottosegretario un invito alla riflessione interna sulla divulgazione di notizie riservate o sull'uso delle intercettazioni. Uno stimolo alla ragionevolezza che condivido, ma che non pare abbia molti sostenitori. Quando si interviene su materie che riguardano lo svolgimento delle indagini sarebbe opportuno affidarsi alla consulenza di esperti del settore.

Una volta c'erano i collaboratori di giustizia. Ce ne sono ancora, ma di meno. Sono sempre utili?

Giovanni Falcone è stato il più grande sostenitore dell'utilità processuale dei collaboratori e della necessità di una legislazione adeguata. Diceva: «Le norme premiali in tema di collaboratori di giustizia servono per fare chiarezza, per stabilire che il rapporto fra chi collabora e il magistrato deve essere un rapporto regolamentato da leggi».

I collaboratori si sono rivelati uno strumento importante per la giustizia, che se n'è servita per uscire dalla stagione del terrorismo e per conseguire importanti successi nella lotta alla criminalità organizzata. Ancora oggi, l'attività investigativa li utilizza nell'esclusivo interesse della giustizia e senza lasciarsi condizionare da valutazioni morali o etiche circa l'opportunità di accogliere le dichiarazioni: da una parte c'è il magistrato che, attraverso le dichiarazioni del collaboratore, cerca prove per giungere alla dimostrazione delle responsabilità e, di conseguenza, a una giusta condanna, dall'altra c'è il collaboratore che, nel tentativo di ridurre gli effetti della pena, offre informazioni da verificare e utilizzare con molta cautela. Sono dati utili alla giustizia, ma io ritengo più affidabili le intercettazioni perché si tratta di parole realmente pronunciate dagli indagati, senza possibilità di equivoci e di errore.

Un altro problema di cui si discute spesso è il sovraffollamento delle carceri. Che cosa si può fare?

È un problema che non può essere ignorato. Bisogna fare qualcosa per attenuare la vergogna di 69.000 detenuti costretti in spazi destinati a soli 43.000. L'indulto del 2006 è servito a poco, anche perché già nel 1994 erano state chiuse cinque carceri di massima sicurezza costruite su alcune isole italiane. Oggi le carceri sono di nuovo sovraffollate e ogni detenuto può contare in media su tre metri quadrati di spazio. Ma non si parla più di indulto; non conviene a nessun partito. Gli elettori non capirebbero. Si parla, invece, di un nuovo piano edilizio per la costruzione di padiglioni all'interno di carceri già esistenti e di nuovi penitenziari da completare entro la fine del 2012. Per i reati minori bisognerebbe studiare soluzioni alternative e pensare che, in certi casi, il carcere non sempre costituisce il miglior deterrente.

Il 41bis è stato definito «un regime odioso e crudele».

Preferisco riservare alle vittime la *pietas* umana di cui sono capace. E penso che abbia più possibilità di redimersi un pastore che, in un raptus di follia, arrivi a uccidere delle persone, che non un mafioso abituato ad agire ed esercitare, con piena e lucida consapevolezza, un potere criminale su persone e territori. Prima del 41bis molte carceri erano state trasformate in Grand Hotel, dove i capi mafia potevano disporre di aragoste, champagne e prostitute. Dopo l'introduzione di questa norma è stato possibile isolarli, impedendo loro ogni forma di comunicazione con il mondo esterno. Una norma dura, ma giusta, per punire quanti vorrebbero delegittimare il potere della legge e continuare a dimostrare, a chi è rimasto fuori, che anche dal carcere possono comandare.

Dopo i gravi fatti che quest'anno hanno toccato da molto vicino la procura generale di Reggio Calabria, è arrivato l'esercito. Lo Stato ha dato la sua risposta migliore?

È la terza volta negli ultimi vent'anni che l'esercito viene inviato in Calabria con compiti poco idonei alla sua funzione e con costi molto elevati. Continua, però, a mancare tutto il resto. Le risorse sarebbero meglio impiegate se finalizzate al rafforzamento dei reparti investigativi e della magistratura, soprattutto a favore degli uffici giudicanti e di quelli del personale amministrativo. L'esercito ha indubbiamente un forte significato simbolico per l'attestazione della presenza dello Stato, ma non possiamo dimenticare che spesso mancano le risorse necessarie a pagare il lavoro dei cancellieri, costretti a fermarsi oltre il normale orario di servizio.

Alle forze dell'ordine sono stati tagliati anche i fondi. La crisi si fa sentire perfino su questo fronte?

Nel biennio 2009-2010 ci sono stati tagli alle risorse per oltre 2 miliardi di euro, che si sono tradotti in volanti senza benzina, caserme prive di riscaldamento e straordinari mai pagati. Per compensare questi tagli, il governo ha parlato di risorse possibili da recuperare all'interno del Fug, il Fondo unico della giustizia, dove finiscono i beni confiscati alle mafie. A oggi, solo parole. Lo stesso ministro dell'Interno ha recentemente ammesso che saranno distribuiti 79 milioni di euro, rispetto ai 2 miliardi già tagliati, non prima del 2011.

La lotta al riciclaggio è ritenuta una delle strategie più efficaci nella battaglia contro le mafie. C'è qualcosa che, secondo lei, potrebbe aiutare ad aggredire ulteriormente le ricchezze dei clan?

Qualcosa dovrebbe essere fatto e con una certa urgenza. In Italia l'autoriciclaggio non è punito. Un boss indagato per narcotraffico e associazione mafiosa può, in prima persona, riciclare i soldi guadagnati in modo illecito.

Il piano che il Parlamento ha approvato all'unanimità nell'agosto 2010 contiene misure importanti per contrastare il riciclaggio del denaro sporco. Prevede che tutti i pagamenti e gli incassi che si riferiscono a contratti pubblici, soprattutto appalti, al disopra di una certa cifra vengano eseguiti esclusivamente con l'utilizzo di conti bancari e postali appositamente aperti (i conti correnti dedicati). Nessun altro passaggio di denaro sarà legittimo, consentito o riconosciuto. Sarà sufficiente richiedere al sistema bancario tutta la documentazione associata a quell'unico codice per avere la radiografia precisa di tutti i movimenti di denaro che riguardano l'esecuzione di un appalto. Se questo provvedimento non ha fatto fare salti di gioia agli imprenditori nemmeno una certa politica che non disdegna il favore di mafiosi e costruttori ha esultato.

Il sequestro dei beni è l'unica strada percorribile per combattere le mafie?

No, si può fare di più. Ma l'idea guida, come ho appena spiegato, deve essere quella dell'impoverimento dei mafiosi. Torno ancora sul discorso della convenienza. Negli anni Sessanta e Settanta, quando i mafiosi finivano in carcere, non si ponevano molti problemi. Sapevano di non lasciare le loro famiglie in miseria. Delinquere, in ogni caso, conveniva, fino a quando con la legge Rognoni - La Torre non sono stati introdotti il sequestro e la confisca dei beni illegalmente conseguiti.

Purtroppo, solo il 5% dei beni sequestrati viene poi confiscato. È necessario fare di più per snellire l'iter, ma l'istituzione dell'Agenzia nazionale per l'amministrazione e la destinazione dei beni sequestrati e confiscati alla criminalità organizzata, come ho già detto, mi sembra un passo nella giusta direzione. Rendere fruibili i beni conquistati alle mafie non è facile. In un paesino della Calabria non è stato possibile trovare un'impresa disposta a realizzare un parco giochi su un terreno confiscato a un clan della 'ndrangheta, certamente un luogo dove si è costretti a fare i conti con la paura. La cosa da evitare è che questi beni, una volta confiscati, vengano messi all'asta, consentendo ai mafiosi o ai loro prestanome di riacquistarli. Meglio sarebbe, per quei beni che non si riuscisse a destinare a iniziative socialmente utili, demolirli e lasciare posto alla costruzione di parcheggi o piazzette. Meglio uno spazio a disposizione della comunità che un bene restituito all'uso dei mafiosi. È necessario che lo Stato recuperi credibilità. Si sente dire che molta gente non ha il senso dello Stato, ma spesso mi trovo a pensare che neanche lo Stato ha il senso di molta gente.

Nel 2010, dopo diciassette anni, una legge di iniziativa popolare completa il suo iter parlamentare. Prevede nuove norme per evitare che i mafiosi possano fare campagna elettorale.

Ci sono voluti diciassette anni per approvare una legge che in un paese normale non sarebbe stata neanche necessaria. In pratica, d'ora in poi, un sorvegliato speciale per reati di mafia non solo non potrà votare o essere eletto, ma non potrà attivarsi per far eleggere nessun candidato a qualunque tipo di elezione. In alcuni casi è bastata la sola vicinanza del mafioso al candidato per dare indicazioni inequivocabili di voto. Con questa nuova legge, le sanzioni penali vengono estese anche al candidato che accetta il sostegno e la propaganda elettorale di persone soggette a misure di sorveglianza speciale di pubblica sicurezza.

La legge è stata fortemente voluta dal Centro Studi Lazzati, fondato dal giudice Romano De Grazia. Questo è un esempio importante di come l'impegno della società civile possa arrivare dove la politica non ha interesse ad arrivare, spingendola a decisioni che mai avrebbe preso di propria iniziativa.

Che cosa si può fare per ridurre la forza dei clan calabresi?

Cinque anni fa, durante un'intervista televisiva, di fronte all'allora ministro della Giustizia Clemente Mastella, una giornalista della Rai mi chiese quali fossero gli strumenti adatti per debellare i clan della 'ndrangheta. Ripeto oggi ciò che dissi allora: «Basterebbe fare, con semplicità, tutto il contrario di quanto fatto finora o, almeno, negli ultimi vent'anni, da governi di destra come di sinistra». Nelle procure, e in particolare in quelle calabresi che conosco meglio, con più uomini e mezzi, potremmo riuscire ad arrestare i latitanti e a smantellare i clan. Non c'è bisogno di un «modello Caserta», il «modello Reggio Calabria» funziona da anni: tutti i latitanti arrestati di recente erano alla macchia perché fuggivano, credo, dalle nostre sentenze, no? Chi ha indagato finora? Se ci dessero altri quattro o cinque giudici per le indagini preliminari, potremmo ottenere più ordinanze di custodia cautelare e accelerare molte indagini. Alcuni criminali visti in manette in questi mesi sono stati arrestati col lavoro di anni alle costole dei boss. Se la procura di Reggio Calabria, negli anni passati, avesse potuto contare su un maggior numero di giudici per le indagini preliminari, parecchi boss, arrestati solo recentemente, sarebbero finiti in carcere molto prima.

Cos'altro potrebbe dare impulso alle indagini?

Certamente un maggiore coordinamento tra le varie procure del Nord e del Sud, come è stato dimostrato dal successo dell'operazione «Crimine», che nel 2010 ha consentito l'arresto di oltre trecento persone.

II
Cupole e sangue

San Luca è un cencio di case attorcigliate a un pendio, tra l'Aspromonte e il cielo. Vista dall'alto appare come uno di quei tanti nidi che sembrano di creta costruiti dai calabroni intorno a un costone di roccia, un po' presepe e un po' bidonville, abitazioni senza un filo d'intonaco e con i ferri che spuntano dai solai senza tetto. L'hanno definita la Betlemme della 'ndrangheta, la sede sociale di una consorteria criminale che fattura 45 miliardi di euro l'anno. Qui ci sono le stimmate, il calco e il modello originale con le sue regole, i suoi miti e i suoi simboli; un marchio registrato nel cuore di pietra dell'Aspromonte, magma rovente di secolari ingiustizie, dove sono nati la questione meridionale e il brigantaggio politico. Qui, i Nirta e i Giorgi, due dei clan più potenti di San Luca, rappresentano un pericolo per la sicurezza pubblica prima ancora che i bersaglieri del generale Raffaele Cadorna entrino nella Roma papalina. E sempre qui, tra piante selvatiche e querce secolari, sorge un santuario dove, dalla fine dell'Ottocento, ogni anno, nei primi giorni di settembre, decine di 'ndranghetisti si ritrovano per pregare una Madonna scolpita nel tufo, accanto a migliaia di pellegrini provenienti da tutta la Calabria e dalla vicina Sicilia. È molto venerata, la

Madonna della Montagna. Ce l'hanno in tasca il famoso bandito calabrese Giuseppe Musolino quando nel 1901 viene arrestato vicino ad Acqualagna, in provincia di Urbino, nei pressi della Gola del Furlo, dopo la fuga dal carcere di Gerace Marina, l'odierna Locri, e Giuseppe Coluccio, il re del narcotraffico, quando viene arrestato nel 2008 a Toronto, in Canada. Giuseppe Nirta ne tiene una copia in una piccola nicchia costruita vicino alla porta di casa a Bianco, dove viene ammazzato nel 1995 e, all'ingresso del suo ristorante, ne ha una anche Sebastiano Strangio, una delle sei vittime della strage di Duisburg. Una strage che mette la 'ndrangheta sulla mappa del mondo e nella lista nera del governo americano, assieme ad Al Qaeda e ad altri gruppi criminali e terroristici che si finanziano con il traffico di droga.

Dopo la mattanza tedesca, i Nirta-Strangio e i Pelle-Vottari si incontrano proprio a Polsi per riflettere su quella lunga faida che non era stata un buon affare per le 'ndrine. Qui, dove da oltre cent'anni la 'ndrangheta tiene i suoi summit, nel settembre 2009, per la prima volta, i carabinieri riescono a filmare ciò che resta di quel labirinto semantico nel quale confluisce l'antico codice della mafia più insidiosa, come l'ha definita il presidente della Repubblica, Giorgio Napolitano.

I boss che, un tempo, si arrampicavano fino al santuario di Polsi facendosi luce con steli di tasso barbasso imbevuti d'olio ora arrivano a bordo di auto e gipponi.

Si salutano, si baciano, si abbracciano, come se non si vedessero da tempo. Poi si dileguano tra le migliaia di pellegrini che sollevano nuvole di polvere sul greto asciutto e arido del Bonamico ingentilito, nella pietraia lunare, dalle tamerici e dai colori vivaci di oleandri e ginestre.

«Nessuno potrà più dire che a Polsi gli 'ndranghetisti

vanno solo per pregare» commenta il tenente colonnello dei carabinieri, Valerio Giardina, uno degli uomini simbolo della lotta alla 'ndrangheta in Calabria.

Nel *sancta sanctorum* della 'ndrangheta, l'operazione «Crimine» apre squarci profondi. Qui, dove un tempo si poteva anche sparire per mano di feroci sequestratori, si continuano a decidere le strategie, le linee guida che valgono a San Luca come a Reggio Calabria, a Roma come a Milano e a Torino.

«Il salto geografico, l'internazionalizzazione del business risponde solo a una esigenza operativa» spiega il tenente colonnello Giardina. «Ma la struttura, l'organizzazione, il fondamento del potere mafioso resta qui, dove è nato e dove la 'ndrangheta da organizzazione è diventata sistema, modello economico.»

Ignari delle telecamere e ingessati in gerarchie e regole arcaiche, i capibastone si presentano al capocrimine, la prima carica, il boss chiamato a garantire l'osservanza della tradizione e a imprimere il sigillo sui «locali» di 'ndrangheta (cosche costituite da più 'ndrine o famiglie), vecchi e nuovi. Non rappresenta il vertice della Cupola, sul modello di cosa nostra, né il capo di tutti i capi. Al santuario di Polsi non si battezzano «nuove piante», picciotti destinati a diventare manovalanza, ma si contano gli uomini, i locali, le forze in campo, il potere delle 'ndrine.

Non può essere diversamente. Anche la 'ndrangheta riflette le frantumazioni di una regione che conta cinque province, una diversa dall'altra, come aveva intuito nel 1812 Astolphe-Louis-Léonor, marchese di Custine, costretto a cambiare continuamente guida nel suo viaggio in Calabria: «Gli abitanti delle campagne non escono mai dai confini dei loro paesi e non sanno se il mondo si estende al di là del territorio da loro conosciuto». Frantumazioni che ancora oggi si riflettono nell'università, con le diverse facoltà divise tra Cosenza, Catanzaro e Reggio Calabria; ma anche nelle istituzioni, con il consiglio regionale in riva allo Stretto e la giunta a Catanzaro.

La 'ndrangheta si è trovata a operare in questa schizofrenica disorganicità e si è adeguata, dotandosi di una struttura a sviluppo orizzontale, dove ogni locale è egemone sul territorio che controlla e dove a nessun capo è riconosciuto un potere su tutti. Una realtà che trova conferma nella conversazione intercettata dalle forze dell'ordine, in cui Domenico Oppedisano ripete le parole che già Giuseppe Zappia aveva utilizzato nel 1969 al summit di Montalto: «Il crimine non è di nessuno, è di tutti». Ma, soprattutto, la 'ndrangheta è una e una sola.

Quando Oppedisano arriva a Polsi, sembra una persona qualunque, uno dei tanti pellegrini giunti alla festa della Madonna della Montagna. Ha i capelli bianchi, le mani callose, le rughe profonde, la camicia a righe e i pantaloni larghi, quasi a campana. Si ferma prima davanti a un chiosco che vende carne di capra, poi a uno che espone oggetti religiosi e infine entra in un bar. È un viavai di incontri. «Andiamo a salutare il nonno» dicono alcuni 'ndranghetisti, filmati dalle forze dell'ordine. È lui il nuovo capocrimine, il boss chiamato a sostituire Antonio Pelle, detto «Gambazza», potente patriarca di San Luca, da poco deceduto, dopo essere stato arrestato nell'ospedale di Polistena dove era andato a curarsi.

Oppedisano è di Rosarno ed è legato ai Pesce, una delle 'ndrine più antiche della piana di Gioia Tauro, assieme ai Bellocco, ai Mammoliti, ai Piromalli, agli Alvaro. Lo eleggono il 19 agosto 2009 in occasione del matrimonio di Elisa Pelle, nipote di «Gambazza», e Giuseppe Barbaro, uno degli eredi dei «Castanu», una famiglia di Platì che si è arricchita con i sequestri di persona e che poi ha continuato a farsi largo sgomitando nel lucroso traffico delle sostanze stupefacenti. Un matrimonio a cui partecipano tutti, migliaia di invitati, per i quali erano stati prenotati due ristoranti, uno a Platì e l'altro ad Ardore.

Oppedisano prende decisioni, accosca nuovi picciotti e dà ordini all'ombra degli aranci, nel suo agrumeto di Rosarno. «Ci vuole un responsabile» dice a un affiliato, parlando del suo ruolo in seno alla 'ndrangheta. «Ogni cosa che si fa... si fa con l'accordo di tutti quanti... quando si fa una proposta si ascolta gli altri per vedere come la pensano, in maggioranza tutto passa.» Attorno a lui, a Rosarno come a San Luca, c'è tanta gente con la stessa faccia e la stessa durezza, braccianti che gestiscono miliardi e che non hanno bisogno di mostrare la ricchezza.

In uno dei tanti vertici della «provincia», massimo organo di raccordo delle 'ndrine, viene decisa l'eliminazione di Carmelo Novella, un boss che, forse attratto da un'altra Madonna, quella che brilla sulla guglia più alta del Duomo di Milano, si preparava a prendere le distanze dai clan che in Calabria erano rimasti aggrappati alle regole, alla tradizione.

«La 'ndrangheta è una» ribadisce Oppedisano, mentre il prefetto di Milano si affretta a rassicurare l'opinione pubblica sull'inesistenza delle mafie nella sua città, legittimando l'ironia del sindaco Letizia Moratti che, incalzata dai cronisti, chiosa: «La mafia a Milano? Fatemela vedere». Viene accontentata. Il 13 luglio 2010 tra Lombardia e Calabria scatta l'operazione «Crimine», uno dei blitz più imponenti degli ultimi anni. Finiscono in carcere più di trecento persone. Tra esse anche Domenico Oppedisano, il capocrimine con le sue mani grosse e ruvide da contadino.

I giornali hanno dato ampio risalto all'operazione «Crimine». Ma c'è qualcosa che non mi convince. Come può un contadino semianalfabeta, sconosciuto fino a qualche anno fa perfino alle forze dell'ordine, diventare improvvisamente il boss dei boss? Ma soprattutto, come fa una mafia con una struttura a sviluppo orizzontale, fatta solo di legami di sangue e comparati, a trasformarsi in un'associazione segreta con una struttura verticistica simile a cosa nostra?

Molti boss sono poco istruiti, ma non per questo meno intelligenti. Ci sono stati mafiosi anche potenti il cui nome non è mai apparso nemmeno nelle informative di polizia. Quando in Sicilia, nel secondo dopoguerra, tutti indicavano Calogero Vizzini come capo dei capi, pare che a comandare fosse Andrea Fazio, mai sospettato di legami con cosa nostra.

A Oppedisano siamo arrivati pedinando alcuni boss del Reggino. Nel 2008 c'era stata una riunione di 'ndrangheta, alla quale Francesco «Ciccillo» Gattuso, boss di Reggio Calabria, si era presentato in compagnia di un geometra, suo dipendente, disobbedendo alla regola che consente la partecipazione solo agli 'ndranghetisti. Alcuni volevano sospenderlo, altri cacciarlo. Per giudicarlo, è stato convocato il tribunale della 'ndrangheta ad Allai, una frazione del comune di Motta San Giovanni, nel Reggino. Seguendo i boss coinvolti in questa vicenda, siamo riusciti a ricostruire l'elezione di Oppedisano a capocrimine, avvenuta durante un matrimonio nella Locride, grazie alla mediazione dello stesso Gattuso, che aveva contribuito a far superare la resistenza di Peppe Pelle, capo dell'omonima famiglia di San Luca, contrario alla nomina di un esponente dei clan del Tirreno.

«Il rischio», come temeva lo stesso Oppedisano, era quello «di far diventare zero tutto ciò che abbiamo», creando pericolose fratture in seno alla 'ndrangheta. L'operazione «Crimine» è partita, quasi per caso, con una indagine assegnata ai carabinieri di Melito Porto Salvo. Da Rosarno, dove Oppedisano, nel suo agrumeto, affiliava picciotti e dispensava consigli, l'indagine si è poi spostata a Polsi, dove grazie alle intercettazioni telefoniche e ambientali predisposte dai carabinieri è stato possibile riprendere la riunione annuale alla quale partecipano i rappresentanti di quasi tutti i locali di 'ndrangheta. E da lì l'indagine si è congiunta con quella coordinata dai colleghi di Milano, che ha documentato il radicamento della 'ndrangheta in molti comuni della Lombardia.

Sul contadino diventato capocrimine si è fatta molta confusione. Il ruolo di Oppedisano è stato equivocato. Nella 'ndrangheta non c'è mai stato un Totò Riina. Il capocrimine, da sempre, è una figura istituzionale: regna, ma non governa. È custode delle regole e garantisce gli equilibri territoriali. Dura in carica un anno e viene eletto con il consenso dei clan che, nella provincia di Reggio Calabria, controllano i tre «mandamenti», coincidenti con i distretti di Locri, Palmi e Reggio Calabria. Oppedisano non è mai stato il capo dei capi, come è stato scritto sulle cronache di molti giornali o come hanno sostenuto autorevoli magistrati.

Nella 'ndrangheta, i locali hanno sempre avuto autonomia operativa nell'ambito dei rispettivi territori, comportandosi come negozi in franchising, muovendosi sotto un marchio che assicura visibilità e vantaggi. In caso di divergenze, interviene la «provincia», che ha il compito di spartire torti e ragioni. Nel caso dei locali di 'ndrangheta, l'obbligo più importante è quello di «passare parere», come dicevano i boss intercettati, cioè tenere al corrente la «casa madre», custode delle regole e delle procedure.

Al di là degli equivoci e delle confusioni, l'operazione

«Crimine» rappresenta uno spartiacque nella lotta alla 'ndrangheta. Grazie al materiale acquisito durante le indagini, sarà possibile dimostrare processualmente l'esistenza della 'ndrangheta intesa come organizzazione unitaria. Finora, infatti, la giurisprudenza aveva riconosciuto la qualifica di associazione di tipo mafioso soltanto alle singole cosche piuttosto che all'organizzazione nel suo complesso.

Durante le indagini è stato possibile filmare la riunione di Polsi, uno dei momenti più importanti del complesso cerimoniale della 'ndrangheta. Ricordo che alla presentazione del libro La malapianta, *nella sede della stampa estera a Roma, un giornalista chiese: «Se siete a conoscenza di questa riunione che, da oltre cent'anni, ha cadenza annuale e coincide con la festa della Madonna della Montagna, perché non siete ancora riusciti ad arrestare i boss chi vi partecipano?»*

Allora non risposi. Oggi che le indagini si sono concluse, ci provo. Della riunione a Polsi si parla almeno dal 1895, quando, durante il processo per l'omicidio di un certo Pietro Maviglia, Rocco D'Agostino, commerciante di Santo Stefano d'Aspromonte, racconta ai giudici della Corte di assise che mentre si trovava a Polsi il 3 settembre 1894, per la festa della Madonna della Montagna, la sua attenzione era stata attratta dalla presenza di una sessantina di persone che, disposte a ferro di cavallo, bevevano e mangiavano. Tra loro aveva riconosciuto Antonio Sergi di Condofuri, il quale, al suo rientro, gli aveva confidato che la «mangiata» era stata pagata con i soldi della tangente, la tassa che già allora veniva imposta per taglieggiare commercianti e agricoltori.

Qualche anno dopo, Vincenzo Mangione, delegato di pubblica sicurezza di Santo Stefano d'Aspromonte, in un rapporto inviato al prefetto di Reggio Calabria il 2 settembre 1901, fa riferimento al santuario di Polsi come sede degli incontri annuali dei boss legati alla picciotteria, una sorta di summit per coordinare le strategie dei vari clan che operavano nei tre principali distretti della provincia, Locri, Palmi e Reggio Calabria. Allora il boss più autorevole era Giuseppe Musolino, molto devoto alla Madonna della Montagna. Quando venne arrestato, i Reali carabinieri gli trovarono addosso una lettera con cui il superiore del convento annesso al santuario di Polsi lo ringraziava per l'offerta di 25 lire che il famoso bandito aveva inviato per sciogliere un voto.

Perché ci abbiamo messo tanto tempo ad arrestarli? Intanto vorrei ricordare che negli anni Sessanta ci sono stati blitz della polizia, come quello avvenuto nel corso della riunione di Montalto, che hanno permesso di arrestare oltre cento affiliati alla 'ndrangheta. Da allora molti addetti ai lavori hanno pensato che questo tipo di riunioni fosse qualcosa che apparteneva all'archeologia della 'ndrangheta. Ma non è così. C'è chi sostiene che a Polsi abbiano preso parte anche esponenti politici. Ora per incontrarsi non hanno più bisogno di andare al santuario! Fino agli anni Cinquanta c'era una sorta di tregua, la polizia non interveniva e la 'ndrangheta si impegnava a evitare disordini, incidenti, ferimenti. Giulio Palange, autore del libro *La regina dai tre seni*,[1] riferendosi a Giuseppe Delfino, brigadiere dei carabinieri e nemico delle 'ndrine, così scrive: «... in occasione d'un appuntamento irrinunciabile per gli aspromontani quale era la festa della Madonna di Polsi, concedeva ai malviventi la tregua di un giorno, e magari lui stesso si metteva a ballare la rituale tarantella gomito a gomito con questo o quel ricercato».

Il primo blitz della polizia, registrato dalle cronache, avvenne il 18 settembre 1960. La questura di Reggio Calabria aveva ricevuto una soffiata sulla presenza di 'ndranghetisti nei pressi del ponte di Calanna. Quel giorno, un brigadiere e due poliziotti della squadra mobile, guidata dal commissario capo Aldo Arcuri, riuscirono ad arrestare dieci capi della malavita del versante tirrenico.[2]

Fra i capibastone sfuggiti alla cattura, c'era don Mico Tripodo, latitante, compare d'anello di Totò Riina e potente boss di Reggio Calabria, il quale s'era messo in testa di trasferire nella zona di Sambatello la riunione tradizionalmente tenuta a Polsi. Ai dieci fermati vennero contestati diversi reati: associazione a delinquere, banda armata, detenzione e porto abusivo di pistola e coltello di genere vietato e guida senza patente. Ma non bastarono a tenerli dietro le sbarre. E alla loro scarcerazione, una settimana dopo, scoppiò la polemica dalle pagine della «Gazzetta del Sud», contro i «soliti interventi dall'alto» e le immancabili «pressioni di grossi papaveri della politica nostrana che, con la loro opera, intralciano l'azione di coloro che agiscono per la sicurezza sociale».

Erano gli anni in cui boss e politici cominciavano a scambiarsi favori. In un rapporto della polizia, sempre del 1960, si faceva notare come Tripodo, con l'aiuto di persone altolocate e di avvocati influenti, per tornare in Calabria cercasse di farsi commutare il soggiorno obbligato a Ustica in sorveglianza speciale. Prima di lui, negli anni Cinquanta, un altro boss calabrese, Vincenzo Romeo, non aveva disdegnato rapporti con la politica, tanto da essere paragonato a Salvatore Giuliano, il celebre bandito di Montelepre. Così Romeo veniva descritto, sull'«Espresso» del 2 ottobre 1955, dal giornalista Luigi Locatelli: «Benché condannato per rapine e omicidi, è sempre vissuto nella sua casa di Bova Superiore, commerciando in bestiame e controllando la concessione degli appalti per la costruzione di case coloniche e di cimiteri, in società con il fratellastro Domenico Larizza, che il 10 settembre [dello stesso anno] è stato condannato a cinque anni di confino. L'impresa edilizia gli procurava notevoli guadagni mentre le tombe assicuravano un comodo e sicuro rifugio per sé e per i suoi compagni di banda. Diventato ricco e potente, mise la sua influenza al servizio dei candidati alle elezioni amministrative e politiche ricevendo compensi che variavano da 1 a 4 milioni».

La 'ndrangheta è una, ma sembra capace di moltiplicarsi.

Si presenta con un corpo multiforme, è vero, ma con una sola testa che resta in Calabria. La 'ndrangheta, pur non avendo un capo dei capi, mantiene una struttura unitaria che la preserva dalle frammentazioni. Quello dei locali di 'ndrangheta è un marchio di conformità obbligatorio. Se venisse meno il rapporto con la Calabria, la 'ndrangheta cambierebbe, diventerebbe un'altra cosa rispetto a ciò che è sempre stata. Quando a Milano Carmelo Novella, boss originario di Guardavalle, nel Catanzarese, pensa di creare un organismo autonomo, segna la sua condanna. Viene eliminato a San Vittore Olona il 14 luglio 2008 e sostituito con Pino Neri, un avvocato originario di Giffone, che ha il compito di ricucire lo strappo con i clan della Calabria.

Novella diceva: «Non ho bisogno di chiedere il parere a nessuno». Il 12 giugno 2008, durante una riunione a San Giovanni di Gerace, nella Locride, viene decisa la sua eliminazione. Non c'è più alcun margine di trattativa. «Ormai è finito. La "provincia" lo ha licenziato» dicono i boss, intercettati dai carabinieri. A poco più di un anno, il 31 ottobre 2009, in una riunione nel centro sociale per anziani «Falcone e Borsellino» di Paderno Dugnano, l'avvocato Neri spiega: «Noi dobbiamo cercare di unire e non di dividere. Le regole che hanno stabilito lì giù è che ognuno è responsabile del proprio locale. Ci deve essere l'accordo di sopra e di sotto». Nella stessa riunione viene eletto il nuovo coordinatore dei locali di 'ndrangheta in Lombardia. Si tratta di Pasquale Zappia, legato al locale di Corsico. I presenti votano, le telecamere degli investigatori registrano. Prima l'alzata di mano, poi i brindisi e, infine, gli auguri per l'elezione del «mastro generale».

L'avvertimento di Neri, prima dell'elezione di Zappia, era stato perentorio: «I locali devono essere riconosciuti in Lombardia per trovare riconoscimento anche in Calabria, ma le regole vanno rispettate e, per conferire nuove doti, è necessario attendere il nullaosta di giù». Un concetto espresso chiaramente anche da Giuseppe Scriva, quando negli anni Ottanta comincia a collaborare con la giustizia e definisce la 'ndrangheta «un'associazione unitaria di calabresi suddivisi per territorio e precisamente per comuni». E per spiegarne l'organizzazione territoriale, la paragona all'Arma dei carabinieri: «Si è carabinieri sia in Sicilia sia in Sardegna [...] l'associazione è unica e suddivisa in gruppi distinti per territorio». Le dichiarazioni di Scriva sono contenute nella sentenza del primo processo alla 'ndrangheta delle tre province che mette in evidenza i legami delle varie «famiglie» del Reggino con quelle catanzaresi e cosentine. Nel 1997, tredici anni dopo, durante il processo Olimpia, Giuseppe Scopelliti, altro collaboratore di giustizia, parla della 'ndrangheta come di struttura unitaria, mentre dell'esistenza del capocrimine, carica attribuita a Oppedisano, si trova riferimento già in una sentenza del tribunale di Reggio Calabria del 4 gennaio 1979. Tutte intuizioni investigative che, negli ultimi quindici anni, trovano conferma nelle operazioni «Primavera», «Armonia», «Bellu lavuru» e «Crimine», per le quali, fortunatamente, ci siamo potuti avvalere di strumenti tecnologici sofisticati ed efficaci.

Dopo l'operazione «Crimine», alla conferenza stampa di Milano è stato notato il suo silenzio. Un silenzio interrotto solo da una breve intervista rilasciata al «Corriere della Sera», nella quale lei ha cercato di smorzare gli entusiasmi. Anche oggi è convinto che ci fosse poco da festeggiare, nonostante i tanti arresti?

Il governo parla di seicentoventi blitz, seimilacinquecento arresti, sedici miliardi di beni confiscati. Certamente operazioni importanti, ma la lotta alle mafie non si misura con il numero dei latitanti arrestati, bensì con il grado di vivibilità che lo Stato riesce a garantire ai suoi cittadini. Ci sono ancora zone del paese a sovranità limitata, dove quasi nessuno ha la possibilità di costruirsi una casa senza ricorrere ai materiali inerti o al calcestruzzo imposti dai clan o alla manodopera controllata dai boss.

C'è poi il problema delle estorsioni. Con i commercianti che pagano e i giovani che hanno paura di avviare un'attività, il mancato investimento si traduce in mancata occupazione. E il discorso si potrebbe allargare ai tanti supermercati che i boss utilizzano per giustificare, attraverso l'emissione di falsi scontrini, le enormi e illecite ricchezze accumulate con il traffico di droga e con l'usura.

In altre parole, l'arresto dei latitanti è importante, ma c'è bisogno di altro. Servono maggiori risorse e riforme normative per cercare di aggredire in ogni parte d'Italia quella zona grigia dove la legalità evapora e che da sempre rappresenta l'ossatura del potere mafioso. La nostra è ancora oggi, purtroppo, un'antimafia «del giorno dopo», mentre dovrebbe essere capace di anticipare i tempi e colpire con continuità e determinazione il nodo che tiene strette tra loro mafia, politica ed economia.

Non è certo utile per la giustizia che in Parlamento ci sia un'ampia convergenza per riformare la normativa sull'uso delle intercettazioni, uno strumento investigativo che spesso ha messo in evidenza i rapporti tra mondo politico e criminalità. Né possiamo chiudere gli occhi quando certi consigli comunali, fortemente infiltrati dalle mafie, non vengono sciolti solo perché gli amministratori, oggetto di indagine, appartengono a uno schieramento politico piuttosto che a un altro. La giustizia è una cosa seria. Se ci si ferma solo alla cattura dei latitanti non si farà molta strada. Per un mafioso arrestato, altri dieci si mettono in fila per prenderne il posto. Come ho già avuto modo di dire a Milano, sono convinto che la 'ndrangheta abbia già nominato altri capi in sostituzione di quelli arrestati.

Se così fosse, la fine di cui parlava Falcone non la vedremo mai?

Ho avuto modo di dirlo più volte e più volte sono stato frainteso. Se non interverranno modifiche strutturali capaci di trasformare profondamente il modo di amministrare la giustizia e di educare le nuove generazioni, temo che la 'ndrangheta finirà quando non ci saranno più uomini sulla terra. Ma, nonostante questo mio timore, continuo a combatterla, perché spero che i fatti, prima o poi, possano smentirmi. Sono però convinto che, se ognuno facesse la propria parte, la 'ndrangheta potrebbe essere ridimensionata di molto. Come ripete spesso don Luigi Ciotti, nella lotta alle mafie non bastano i «navigatori solitari», ma serve il contributo di tutti: dell'impegno civile e, soprattutto, di riforme normative e giudiziarie. È urgente far capire ai giovani che vivere da criminali non conviene e che non c'è onore per chi delinque, né per chi uccide donne e bambini. Nella scelta di vita mafiosa non c'è nulla di romantico o leggendario. Osso, Mastrosso e Carcagnosso erano solo cavalieri dell'inganno. Ci sono giovani senza scrupoli che aspirano a facili guadagni.

Scelgono la scorciatoia per un successo che li faccia sentire speciali, ricchi e potenti. Ma si sbagliano e lo scoprono presto.

I mafiosi sono stressati, ammalati di cuore o di reni, corrosi dalle ansie e dai fantasmi dei loro delitti. Sono anche anaffettivi, vivono continuamente nella paura e pensano solo a come nascondere i soldi guadagnati con la violenza. Spesso finiscono in carcere, molte volte al cimitero. Non è una bella vita quella dei mafiosi. E noi dovremmo essere capaci di scoraggiarla, di rendere sconveniente la scelta di vivere da mafioso. Difficile e rischioso avventurarsi in indicazioni e precetti morali sul bene e sul male; ragionamenti necessari che giustamente altri sentiranno il dovere di proporre ai nostri giovani. Io, magistrato antimafia in territorio di mafia, devo poter far capire che se uno sbaglia deve aspettarsi la giusta punizione. E se sceglie di fare lo 'ndranghetista, danneggiando la vita di migliaia di persone, deve sapere che può finire in carcere e che ci resterà per tutto il periodo della pena. Ma sono favorevole anche alla logica della rieducazione e della costruzione di strutture carcerarie in cui la privazione della libertà possa essere associata al lavoro come riscatto.

Importante è anche il contributo di un sistema educativo che sappia formare una coscienza critica. Modifiche che renderebbero tutto più facile anche per noi magistrati. Ma se ci guardiamo intorno non troviamo molte persone con queste convinzioni.

Torniamo a Polsi. Come fa la 'ndrangheta a dispensare morte e preghiera? A venerare la Madonna della Montagna e a inondare di cocaina le strade del mondo? A invocare su di sé la benedizione di Dio dopo aver dato in pasto ai maiali un povero cristo o sciolto nell'acido una donna che aveva deciso di collaborare con la giustizia?

Da sempre la religione fornisce alimento alla 'ndrangheta. Gli 'ndranghetisti, come gli affiliati di cosa nostra, si sono creati un Dio che li fa sentire dalla parte del giusto. È una certezza che toglie loro anche il senso di colpa. Lo ha spiegato efficacemente Francesco Merlo sulla «Repubblica».[3] L'intero sistema penale dell'Inquisizione è stato mutuato dalla mafia, ma anche dalla 'ndrangheta. Allora il pizzo lo pagava chi non era cattolico, l'ebreo soprattutto. La ferocia era identica. La faccia tagliata era la tortura che la Chiesa infliggeva all'eretico. Il rapporto tra mafia e religione è davvero molto stretto e inquietante, e non solo perché gli 'ndranghetisti, ancora oggi, si mettono a capo delle processioni, ristrutturano a proprie spese le facciate delle chiese e si mostrano devotissimi ai santi e alla Madonna.

Secondo l'etnologo Vito Teti, nonostante i traffici di droga e le sue grandi ricchezze, la violenza ha bisogno di una sua sacralità, ma soprattutto di riferimenti mitici. Senza valori, senza quadri di riferimento, senza simboli, infatti, nessun gruppo umano regge.

La «tradizione», soprattutto quella religiosa e rituale, rappresenta una via per affermare il potere, per «sacralizzarlo», per farlo accettare agli altri, per guadagnare consenso. Indagini e intercettazioni confermano continuamente che riti e feste vengono utilizzati come occasioni per imporre il predominio mafioso. In una conversazione intercettata a Seminara, due 'ndranghetisti parlano delle celebrazioni in onore della Madonna dei Poveri: «Come tutti i paesi, o vogliono o no, devono lasciare i soldi per le feste». Gli stessi fuochi d'artificio con cui si concludono i festeggiamenti servono a manifestare qualità e quantità di potere delle varie 'ndrine.

I pellegrinaggi a Polsi sono nati prima della 'ndrangheta. Il culto della Madonna della Montagna risale all'XI secolo. Si narra che un pastore, proprio nella zona dove oggi sorge il santuario, abbia ritrovato il toro che aveva smarrito, inginocchiato davanti a una croce di ferro dissotterrata con le zampe.

Da allora Polsi diventa meta di arrivi e partenze, un viavai in cui prima si infiltra la picciotteria e poi la 'ndrangheta che, da sempre, manipola la tradizionale cultura calabrese. Concetti come famiglia e onore perdono nel tempo il loro corretto significato per diventare familismo, omertà. La stessa religione viene strumentalizzata. «Facciamo le cariche per la Madonna» dice Domenico Oppedisano, utilizzando la fede come pretesto. E su questi pretesti si sono creati miti e leggende. Ma la cultura della 'ndrangheta non è mai stata né subalterna, né popolare. Gli 'ndranghetisti non hanno mai avuto niente in comune con i briganti in lotta contro un potere che ritenevano illegittimo, animati da speranze di libertà. La cultura della 'ndrangheta è sempre stata diseducativa, e la ferocia delle 'ndrine non ha mai guardato in faccia nessuno. Non ha rispettato la vita delle donne, né quella dei bambini. La 'ndrangheta un po' romantica e un po' folclorica dei canti di malavita non è mai esistita. Non lasciamoci ingannare.

Perché la Chiesa per lungo tempo è rimasta a guardare?

Proprio nel 2010, dopo una lunga attesa, la Chiesa sembra avere abbandonato generiche e rituali condanne per «passare ai fatti», sospendendo e rinviando di una settimana la processione che ogni anno viene celebrata nel giorno di Pasqua a Sant'Onofrio, una cittadina del Vibonese. Una sospensione decisa per impedire che uno dei più antichi e toccanti riti della tradizione calabrese fosse palesemente gestito e controllato dalla 'ndrangheta. Un episodio positivo e importante che, però, da solo non basta. La Chiesa dovrebbe fare di più. Certe indulgenze sembrano oggi incomprensibili, così come sono state devastanti le tante sottovalutazioni del passato.

Negli anni Cinquanta, il vescovo di Locri-Gerace, Pacifico Maria Perantoni, sentendosi minacciato, invece di rivolgersi alle forze dell'ordine andò da Antonio Macrì, il boss più potente della zona. Un comportamento normale in quegli anni in cui pochi avevano il coraggio di denunciare. Per la Chiesa, la 'ndrangheta sembrava un male con cui dover convivere. Addirittura, uno scrittore importante come Corrado Alvaro, qualche anno prima, nel 1949, in un articolo pubblicato dalla «Stampa» di Torino, ne aveva negato l'esistenza. «Le associazioni a delinquere che qualcuno tentò di instaurarvi a imitazione della mafia» aveva scritto «non attecchirono e la Calabria è ancora oggi uno dei paesi più sicuri.»

Risale al 1975 il primo documento contro la 'ndrangheta prodotto dalla commissione pastorale calabrese, anche se singolarmente alcuni vescovi avevano in precedenza manifestato il loro disappunto verso la logica delle 'ndrine. Ma che ancora ci sia molto da fare lo sostiene anche l'arcivescovo di Reggio Calabria, monsignor Vittorio Mondello, per il quale «la Chiesa deve svolgere una missione educatrice, assieme alla scuola e alla famiglia». Recentemente monsignor Mondello si è detto convinto che se «non iniziamo a educare le giovani generazioni, sin da bambini, non riusciremo mai a togliere la mentalità mafiosa che è molto presente anche nella popolazione e qualche volta anche nel clero e nella Chiesa».

Anche il recente e forte monito del vescovo di Locri, Giuseppe Fiorini Morosini, che ha definito la festa di Polsi incompatibile con la logica di morte e di sopraffazione della 'ndrangheta, può in qualche modo aiutarci a uscire dal silenzio e lasciare alle spalle il tempo delle sole parole.

È ancora vivo il ricordo dell'anatema lanciato contro i mafiosi da Giovanni Paolo II nella Valle dei Templi ad Agrigento. Di recente, anche Benedetto XVI ha definito quella della mafia una strada di morte.

Penso che, dall'alto della sua cattedra, il Santo Padre potrebbe rivolgersi ai mafiosi con maggiore forza e far capire a tutti che con le mafie non è possibile convivere. A Reggio Calabria molti ancora ricordano la benedizione apostolica che, recentemente, dagli uffici vaticani, è stata inviata alla figlia del boss Pasquale Condello in occasione del suo matrimonio. Un fatto di cui non è responsabile Benedetto XVI ma chi ha agito in suo nome, e che ha suscitato molto scalpore in una città dove il potere criminale dei Condello è, da sempre, ben noto.

Sarebbe importante che la Chiesa facesse di più. La sua voce potrebbe sostenere la voglia di cambiamento che lentamente vede protagonista la società civile. Scomunicare i mafiosi sarebbe un atto di grande valore simbolico. Dichiarare che, con il loro agire criminale, i mafiosi si pongono fuori dalla Chiesa è molto, ma non basta. Alla censura deve seguire la sanzione. Le parole senza regole contano poco. E le regole senza sanzione contano ancor meno. Qualche anno fa l'ex vescovo di Caserta, monsignor Raffaele Nogaro, ha definito quello delle mafie come il peccato di Caino, la volontà di tenere per sé ogni cosa. Sono parole che condivido, ma non si tratta solo di egoismo. Le mafie impediscono di sperare nel futuro. E le prime vittime sono i giovani.

C'è ancora, purtroppo, una Chiesa, e non certo quella del popolo di Dio, pronta a stare al fianco dei potenti mentre dovrebbe stare tutta dalla parte di quei preti coraggiosi che, ogni giorno, rischiano la vita per insegnare ai giovani il catechismo della legalità. La Chiesa, nel suo insieme, dovrebbe trovare la necessaria energia per ricordare ai mafiosi che non esiste salvezza divina senza risarcimento umano, come coraggiosamente ripete spesso monsignor Fiorini Morosini. Non si può essere duri con il peccato e tolleranti con il peccatore. Ai mafiosi che incarnano la cultura della morte bisognerebbe negare i sacramenti. Le gerarchie ecclesiastiche dovrebbero tenere conto non solo delle tante positive esperienze degli uomini di Chiesa impegnati sui diversi territori, ma anche di ciò che Peppino Impastato, altra vittima rivalutata dopo la morte, diceva prima di essere ucciso dalla mafia: «Se la Chiesa avesse praticato la rottura, radicalmente e permanentemente, e avesse messo lo stesso impegno nel rifiuto della violenza, nella denuncia della mafia come incompatibile con l'etica cristiana e con qualsiasi etica, che ha messo, per esempio, nella minuziosa classificazione delle eresie e dei comportamenti sessuali, non saremmo al punto in cui siamo, almeno sotto il profilo del consenso alla mafia». Chissà se un giorno si riuscirà ad aprire un dibattito più costruttivo su questi temi?

Anche i riti di iniziazione si rifanno alla religione. Ma perché la 'ndrangheta ha bisogno di questi rituali?

Come scrive il giornalista della Rai Enzo Romeo, essere cristiani significa dare il sangue per i fratelli e non diventare fratelli con il sangue. I riti di iniziazione sembrano astruserie, ma di fatto rappresentano il cemento che tiene unita la 'ndrangheta, il giuramento che suggella il vincolo del silenzio, della solidarietà e della famiglia. Per comprendere la 'ndrangheta bisogna scavare nella dimensione familiare delle 'ndrine. Il «battesimo» nella vita di uno 'ndranghetista segna uno spartiacque tra il prima e il dopo. «Se finora ti sapevo come contrasto onorato, d'ora in poi ti riconosco come fratello di sangue» recita un vecchio rituale della picciotteria.[4] Il picciotto smette di essere uno qualunque ed entra in un'organizzazione della quale non tutti possono far parte. Ci si sente privilegiati, o almeno questo è ciò che si vuole far credere. Senza la sacralità dei riti, la 'ndrangheta sarebbe una qualsiasi organizzazione criminale, un popolo senza religione.

Sangue e terra sono alla base di tutti i nazionalismi della storia.

E purtroppo tornano continuamente alla ribalta. C'è sempre qualcuno che inventa miti che, anche se non sono quelli di Osso, Mastrosso e Carcagnosso, hanno sempre a che fare con qualche stirpe vera o presunta. Una preoccupazione contenuta anche nella Dichiarazione universale dei diritti umani del 1948. L'umanità, proprio a causa dei miti razziali, basati anch'essi sul micidiale binomio «sangue e terra», è più volte precipitata nel baratro. Insostituibile appare il ruolo di una società civile che costituisca il vero collante di una comunità coesa, retta da una libera articolazione politica che degnamente ne rispetti e ne orienti la vita.

Se nella 'ndrangheta la famiglia è tutto, che ruolo hanno i matrimoni?

Anche i matrimoni sono utilizzati per rispondere a logiche di potere e di alleanze. «Dobbiamo portare la nostra croce» scrive la moglie di Pasquale Condello, in una lettera che i carabinieri sequestrano a Cesena nella casa di Alfredo Ionetti. In sei fogli di quaderno, datati 8 luglio 2003, la donna, violando le ferree regole della riservatezza, confida all'amica Anna Francesca Chirico che la figlia maggiore Angela ha «dovuto mollare [...] quel ragazzo con cui si sentiva, solo perché aveva parenti che erano stati in passato nemici [del marito]». E aggiunge: «È successo quello che avevamo paura che succedesse [...] e non ti dico il dolore che sto provando io, avevo sperato in un futuro migliore, diverso per mia figlia, si trovavano troppo bene insieme».

In una intercettazione dei carabinieri, invece, si sente una giovane donna nata e vissuta a Corsico, in provincia di Milano, che in lacrime dice al marito: «Stavo bene con l'altro e mi hanno fatto sposare con te». I matrimoni continuano a cementare alleanze, ma cosa ancor più grave, come dimostra la lettera della moglie di Condello, tra fedeltà assoluta e crepe dei sentimenti, le donne continuano a tirare su i figli nella logica delle 'ndrine. Con i primogeniti l'iniziazione avviene addirittura quando sono ancora in fasce, una regola dettata dalla tradizione che vuole il primo maschio affiliato nello stesso locale di 'ndrangheta cui appartiene il padre. In un comune della fascia ionica, nel secolo scorso, discendenti di due famiglie di 'ndrangheta si sono sposati incrociandosi quattro volte.

Nella maxioperazione «Crimine» si parla tanto di regole, appalti, voti, ma poco di droga. Come mai?

I boss, quelli più importanti, hanno imparato a non sporcarsi le mani. Hanno trovato chi lo fa per loro. Ma per la 'ndrangheta la droga resta sempre la principale fonte di guadagno.

III

La droga

Salvatore Mancuso è stato il capo delle Autodefensas Unidas de Colombia (Auc), il più forte gruppo paramilitare di estrema destra e uno dei principali partner commerciali della 'ndrangheta. Figlio di un italiano originario di Pontecagnano (Salerno), emigrato in Colombia nel 1956, ha studiato agraria nella prestigiosa ed esclusiva Pontificia Università Javeriana di Bogotá e ha imparato l'inglese negli Stati Uniti, frequentando corsi di lingua all'università di Pittsburgh. È stato anche campione nazionale di motocross nel 1982, l'anno in cui l'Italia di Bearzot vinceva in Spagna il suo terzo titolo mondiale.

«È il destino che determina le tue scelte, non il caso» racconta oggi Mancuso. La svolta avviene nel 1993, quando un suo amico d'infanzia, il maggiore Walter Fratini, viene abbattuto dai «cilindri» dei guerriglieri mentre con un Black Hawk sorvola una zona presidiata dall'Ejército Popular de Liberación (Epl), il braccio armato del Partito comunista colombiano. Fratini è il vicecomandante del battaglione Junín. Finito in mano ai guerriglieri, viene torturato e ucciso. Ha 33 anni e lascia una figlia di 6.

Nel 1995, in una lettera a Fernando Botero, ministro della Difesa, Mancuso chiede più sicurezza per la zona di Montería, dove vive, ma non riceve alcuna risposta. Un giorno, dalla finestra della sua *finca*, vede arrivare tre guerriglieri dell'Ejército de Liberación Nacional (Eln), un'altra sigla che in Colombia si contende il primato della ferocia. Li accoglie con la pistola, avuta in regalo dal padre del maggiore Fratini al funerale del figlio, e senza tradire la minima emozione dice: «Se volete portarmi via di qui dovete uccidermi, ma prima di morire sono pronto a sparare». I tre, colti di sorpresa, balbettano. Non sono preparati a reagire. Tanto basta a Mancuso per capire che anche il nemico ha paura. Poche settimane dopo, con l'aiuto della XI Brigata di stanza a Montería, dà vita a una organizzazione paramilitare concentrata nella zona di Cordoba e Urabá. Ma l'evento che cambia la sua vita è l'incontro con i fratelli Castaño, fondatori delle Auc.

Fidel e Carlos Castaño si erano ingraziati i favori dello Stato collaborando all'eliminazione di Pablo Escobar, del quale erano stati amici negli anni Ottanta, quando il capo del cartello di Medellín controllava l'80% del traffico di cocaina in Nordamerica. Salvatore Mancuso si unisce a loro e comincia a collezionare ordini di cattura per omicidi e sequestri di persona.

Guido Piccolo, uno dei più acuti osservatori delle vicende colombiane, racconta: «Alla guida di un Black Hawk, il 28 dicembre 1988, Mancuso riuscì a salvare Carlos Castaño, assediato, insieme con un manipolo di suoi fedelissimi nella tenuta El Diamante, dai guerriglieri delle Farc [le Fuerzas Armadas Revolucionarias de Colombia - Ejército del Pueblo, di ispirazione marxista-leninista]. Le sue doti militari lo portarono a dirigere le Auc nelle regioni atlantiche orientali, dove più forte era la contesa soprattutto con l'Eln, l'Ejército de Liberación Nacional».

Più temuto che rispettato, Mancuso nel 2002 assume il

comando delle Auc, proprio mentre scompare il capo storico dei paramilitari che aveva minacciato di collaborare con gli Stati Uniti decisi a far luce sui diecimila morti e su un traffico di 20.000 tonnellate di cocaina; fatti gravi attribuiti alle squadracce della morte. Mancuso tratta con politici, faccendieri e trafficanti di droga. Usa il laptop, comunica con il BlackBerry e ascolta musica con l'Ipod. Nella selva colombiana, per i paramilitari dell'Auc è il «Mono», la scimmia, per il suo fisico di agile e tozzo orango.

Al trasporto di tonnellate di droga attraverso l'oceano Atlantico alterna la strage di umili contadini. Folle di profughi terrorizzati segnalano la vicinanza dei suoi uomini, una ciurma di narcos in tuta mimetica. «Li facevano inginocchiare con le mani legate dietro la schiena, poi con un cucchiaino gli cavavano gli occhi» racconta Gloria Cuartas, ex sindaco di Apartadó, una cittadina del dipartimento di Antioquia. «Ad altri strappavano i testicoli e le unghie, mentre le donne erano costrette a denudarsi e a ballare al ritmo del *vallenato* prima di essere stuprate e uccise.» Nella terra di nessuno, succede di tutto. Scenari apocalittici: animali che escono urlando dalle stalle e dai fienili in fiamme, morti sbudellati e vivi che fuggono disperati dalla fame e dai continui massacri.

A San José de Apartadó, Luis Eduardo Guerra, 35 anni, leader della comunità india, sceglie la nonviolenza per combattere la guerra *sucia*, sporca, che da quasi cent'anni insanguina la Colombia. Nel 2005 lo uccidono assieme alla moglie, Bellanira Areiza Guzman, diciassettenne, al figlioletto e ad altre cinque persone, tra cui due bambini, uno di 2 anni e un altro di 6. I loro cadaveri, ancora caldi, vengono squartati a colpi di machete e abbandonati ai bordi di un viottolo sterrato, in mezzo alla selva più fitta.

Mancuso, che oggi si vanta di avere sottratto molte zone

della Colombia al controllo delle Farc, sognava di fare la pace con il governo colombiano nella Città del Vaticano, «perché davanti alla Chiesa nessuno può mentire». Ma non ci riesce. Nel 2008 viene estradato negli Stati Uniti per rispondere di traffico internazionale di droga. Quella stessa droga che continua a comprare tanti silenzi, in una terra dove il 62% dei terreni coltivati è in mano allo 0,4% della popolazione, mentre il 22,6% degli abitanti (quasi uno su quattro) vive con meno di due dollari al giorno. Qui la droga aumenta le ingiustizie, ma non è né l'unica, né la principale causa dei mali di questo paese, uno dei più ricchi al mondo per risorse naturali. Una terra dove la violenza ha radici lontane, come racconta Gabriel García Márquez nel suo *Cent'anni di solitudine*.

È il 1928 quando centinaia di contadini vengono massacrati dall'esercito per avere occupato la stazione ferroviaria di Ciénaga. Hanno incrociato le braccia per protestare contro le iniquità delle condizioni di lavoro. Uno dei pochi ad alzare la voce contro quella strage è un giovane avvocato, Jorge Eliécer Gáitan, leader dell'Unión Nacional de la Izquierda Revolucionaria che mobilita i contadini in molte regioni bananere per protestare contro il partito unico a due facce, i conservatori e i liberali, entrambi espressione del potentato fondiario. L'omicidio di Gáitan, avvenuto il 9 aprile 1948, è causa di scontri durissimi che, in quindici anni, provocano più di 300.000 morti. Sono gli anni in cui nessuno vede, sente e dice, come se il mondo intero fosse cieco, sordo e muto.

Il business della droga arriva molto tempo dopo, negli anni Settanta, quando sulla costa atlantica sbarcano centinaia di giovani pacifisti americani che, invece di diffondere i migliori valori del proprio paese, cedono al tragico fascino della droga e ne insegnano i principi chimici agli indigeni, per i quali marijuana e coca, fino ad allora, erano state solo piante sacre e curative. Quando le piantagioni di marijuana vengono spostate negli Usa e in Giamaica, in Colombia rimangono i campi e i fiumi avvelenati. È allora che alcuni abitanti di Medellín cominciano a raffinare le foglie di coca, intuendo le potenzialità di quel business. «Por la plata lo que sea», qualunque cosa per i soldi. Nel giro della droga entra anche Mancuso con le sue Auc, che ammette: «Nel dipartimento di Cordoba esistevano tra i 15.000 e i 18.000 ettari di coca, dei quali metà controllati da noi e metà dalla guerriglia. Noi controllavamo tra 7000 e 8000 ettari che producevano da 3500 a 4000 chilogrammi di coca al mese». Ma sono i numeri di una sola parte del territorio colombiano. Per Salvatore Mancuso, ex capo delle Auc, le quantità reali erano quasi doppie rispetto a quelle stimate dal governo; ben 160.000 gli ettari di terreno da cui ogni mese venivano ricavati 80.000 chilogrammi di cocaina, 1000 tonnellate all'anno, per un valore di 7 miliardi di dollari americani.

Mancuso sognava di militarizzare i villaggi sul fiume Cacarica, di ripulirli dai guerriglieri Farc che, ancora oggi, ne infestano le foreste sino al confine con il Golfo di Panama. Progettava la costruzione di un grande canale che, attraversando il territorio colombiano, potesse collegare le coste dell'oceano Atlantico con quelle del Pacifico. Un sogno che non si è realizzato. Salvatore Mancuso è oggi in un carcere americano, ma i paramilitari di destra così come i guerriglieri di sinistra continuano, con l'ostinazione delle peggiori faide, la terribile sfida per il controllo della Colombia.

Lei ha incontrato Mancuso più volte. Che impressione ne ha avuto?

È alto, istruito, legge Gandhi, ascolta Carlos Vives. È uno che ti guarda dritto negli occhi e non abbassa mai lo sguardo. Quand'era in Colombia gestiva anche un suo blog e aveva un sito internet. Progettava di trasformare le Auc in movimento politico e, intanto, investiva in Italia, trattando alla pari con narcos della 'ndrangheta e imprenditori apparentemente puliti. Un tipo high tech e machete, tecnologicamente avanzato e brutalmente primitivo. Mi ha detto che gli scrupoli non sono compatibili con la guerra. Se uno non è armato «nadie lo respeta».

Secondo Gabriel García Márquez, l'unico modo per sopravvivere in Colombia è quello di «stringere un onesto patto con la solitudine». Lei che cosa ne pensa?

È un paese che amo molto. Ci sono stato più volte per motivi di lavoro. È un paese difficile da capire, dove ci sono ancora molte zone prive di elettricità, acqua potabile, servizi sanitari. E c'è anche tanta violenza. Non c'è fiducia nelle istituzioni. La legge è quella che ognuno ha la forza di imporre. «Per sopravvivere quaggiù non devi dare confidenza a nessuno. Perché un anno comandano i soldati, l'anno dopo la guerriglia e quello dopo ancora un gruppo di paramilitari. Vanno e vengono come le stagioni. Se ti leghi a qualcuno, se collabori, gli altri ti ammazzano.» Sono le parole di un giovane colombiano intervistato da Omero Ciai per il quotidiano «la Repubblica». C'è gente che muore solo per aver dato da bere a un guerrigliero. Nonostante i programmi di *tolleranza zero* del «Plan Colombia», finanziato dagli Stati Uniti, pochi credono nella possibilità di riconvertire le piantagioni di coca in allevamento di bestiame o produzione di frutta tropicale. Nelle baracche di latta e legno, confuse con la vegetazione, la speranza viene continuamente spazzata dalle piogge che periodicamente si abbattono su questo meraviglioso paese.

Nel maggio 2010 a Vibo Valentia ho incontrato Íngrid Betancourt, l'ex candidata dei Verdi alla presidenza della Colombia. Mi ha raccontato il dramma dei suoi 2321 giorni di prigionia nelle mani delle Farc, il movimento di guerriglia più antico dell'America Latina. «Non c'è silenzio che non abbia fine» mi ha detto citando Pablo Neruda; questa frase poi è diventata il titolo di un suo libro. Abbiamo parlato di lotta al narcotraffico, convenendo sull'importanza della prevenzione, ma anche dell'educazione alla legalità. Parlavamo la stessa lingua. Purtroppo le mafie, la criminalità organizzata in genere, si nutrono in primo luogo di ignoranza e povertà. Ci siamo soffermati anche sul messaggio diseducativo delle *narcocorridos*, le canzoni che osannano i boss del narcotraffico e che, negli ultimi tempi, sono diventate un fenomeno musicale in America Latina. Come nelle nostre regioni del Sud, le canzoni neomelodiche dei camorristi e i canti di malavita della 'ndrangheta rappresentano oggi una terribile perversione della tradizione popolare.

Salvatore Mancuso è stato uno dei trafficanti di droga più potenti, quello forse più legato al potere. Ora che è in carcere, in Colombia è cambiato qualcosa?

Purtroppo no. In Colombia si continua a morire. In molte zone di questo paese non esistono uomini, ma solo volti sofferenti ed esasperati dalla violenza e dalla paura. La selva assorbe tutto: rumori, dolori e morte. La popolazione, come denuncia l'organizzazione Medici senza frontiere, continua a essere vittima del silenzio, della violenza e del disinteresse. Muoiono anche le donne. Nel 2008 ne sono state uccise 1250, tre al giorno, 9314 dal 2000. Migliaia quelle scomparse. La violenza scandisce i ritmi della vita quotidiana. Secondo lo storico americano John Coatsworth dal 1899 a oggi ci sarebbero stati 420.000 morti, di cui 70.000 negli ultimi vent'anni di guerra tra esercito, paramilitari e guerriglia. Drammatico è anche il problema di migliaia di contadini costretti con la violenza ad abbandonare la terra su cui vivevano. La Colombia è seconda solo al Sudan per numero di *desplazados*.

Recentemente ha fatto scalpore la strategia dei *falsos positivos*, i falsi guerriglieri. Secondo l'accusa, l'esercito avrebbe ucciso almeno duemila contadini, sindacalisti, studenti, catechisti innocenti, spacciandoli per guerriglieri. Una strage che l'esercito ha perpetrato per intascare la ricompensa prevista dal «Plan Colombia»; un fiume di dollari, 6 miliardi, che nelle intenzioni degli Stati Uniti sarebbero dovuti servire per sradicare il narcotraffico, aiutando i *campesinos* a diversificare le colture. Molti parlano di *practica vieja*, una pratica vecchia attribuita all'attuale presidente colombiano, Juan Manuel Santos, accusato da Mancuso di avere avuto rapporti con i paramilitari delle Auc. «Ci chiese di rovesciare, con un colpo di Stato, il governo di Ernesto Samper» ha testimoniato Mancuso, che ha ammesso di aver avuto contatti anche con il cugino di Santos, l'ex vicepresidente Francisco Santos. Nel febbraio 2010, quaranta soldati coinvolti nello scandalo dei *falsos positivos* sono stati scarcerati per decorrenza dei termini di custodia cautelare. Un generale, costretto a dimettersi, anziché finire sotto processo è stato nominato ambasciatore.

Che cosa è cambiato con l'arresto di Mancuso? Poco. La smobilitazione di migliaia di paramilitari delle Auc ha lasciato spazio a un'organizzazione paramilitare chiamata «Aquila Negra». E la violenza continua. Mancuso, al quale sono stati contestati numerosi reati, tra cui centinaia di omicidi, ha offerto come riparazione ai familiari delle vittime ventitré aziende di sua proprietà e un'isola che aveva acquistato con i soldi del narcotraffico nel Golfo di Morrosquillo. Ha confermato le accuse contro molti uomini politici, senatori, deputati, uomini di governo. Dopo che uno dei figli è miracolosamente sfuggito a un attentato, teme per l'incolumità della sua famiglia. Nel luglio 2010 è stato ucciso Manuel Bernal Vargas, revisore dei conti della Federazione calcistica colombiana, ma anche ex contabile di Mancuso, mentre, a dicembre dello stesso anno, sono stati arrestati i fratelli Giovanny e Édgar Ernesto Castillo Rico, due dei più potenti narcos legati all'ex capo delle Auc. Secondo il generale Pinzón Arana, capo dell'antinarcotici della polizia nazionale colombiana, trafficavano con le 'ndrine da 400 a 800 chili di cloridrato di cocaina al mese. Il potere di Mancuso sembra ormai compromesso.

Mancuso lancia le sue accuse contro l'esercito regolare e il governo perché, secondo lui, intrattengono rapporti con i paramilitari. Parla di droga e corruzione e, primo narcotrafficante, indica i numeri del traffico gestito fino al suo arresto.

Una cifra enorme, pari al 5% del Pil, superiore a quella pagata per rilevare Bavaria, l'azienda privata più grande del paese. Cifre che danno l'idea del giro che ruota attorno alla cocaina, anche se i maggiori profitti si registrano lontano dalla Colombia, nei paesi di consumo, come gli Stati Uniti. Ed è chiaro che chi gestisce questa gran quantità di denaro riesce a condizionare tutto: la ricchezza, la povertà, la politica, i sindacati, il calcio.

Roberto Pannunzi, tra i più potenti broker della 'ndrangheta in Colombia, per la seconda volta è riuscito a far perdere le sue tracce. È accaduto nell'aprile 2010, mentre era agli arresti domiciliari per presunti motivi di salute. Secondo lei è tornato in Colombia?

Non saprei, non escludo che possa essere tornato in Colombia. Può contare su molti amici. Ha soldi e con i soldi in

America Latina si può vivere tranquilli e a lungo. C'è stato un periodo in cui dalla Colombia importava due tonnellate di cocaina al mese.

Pannunzi stesso diceva a Paolo Sergi, un narcos originario di San Luca: «C'è il Barba [un trafficante colombiano] che mi dà qualsiasi quantitativo di droga senza pagare una lira». Era proprietario di una nave che utilizzava per il trasporto della cocaina, e si serviva anche di aeromobili dei quali aveva finanziato l'acquisto. Durante un interrogatorio, seguito al suo ultimo arresto, rivolgendosi a un investigatore del Gruppo operativo antidroga della guardia di finanza, disse: «Marescia', io c'ho tanti di quei soldi da poter ricoprire per intero lei e il dottore Gratteri».

La fuga di Pannunzi impone una seria riflessione. Quando, al termine di un'indagine, si riesce a dimostrare che un boss o un broker è responsabile del traffico di tonnellate di cocaina, bisognerebbe poterlo punire con una pena adeguata da scontare in un carcere di massima sicurezza. E qui dentro il detenuto dovrebbe poter ricevere le eventuali e necessarie cure mediche. Quello che è successo con Pannunzi è inconcepibile, soprattutto se si tiene conto degli sforzi fatti per assicurarlo alla giustizia per ben due volte. In entrambi i casi ha fatto ricorso allo stesso stratagemma.

La 'ndrangheta è sempre leader nel traffico mondiale di cocaina?

Direi di sì, in Italia è l'organizzazione criminale che traffica di più in cocaina. Se ne sono accorti anche gli americani che, fino a qualche decennio fa, non riuscivano a fare distinzione tra la 'ndrangheta e cosa nostra. Le 'ndrine continuano ad avere rapporti privilegiati con i produttori colombiani e, negli ultimi tempi, hanno stretto amicizia con i cartelli messicani. Sono solvibili e affidabili. Sia in Italia che all'estero, dove possono contare su solide filiali.

Qualcosa comunque sta cambiando, soprattutto in Italia. A Milano, per esempio, per il trasporto e l'approvvigionamento di droga, la 'ndrangheta si serve sempre più di organizzazioni transnazionali composte da serbi, sloveni e montenegrini. Provengono dal Sudamerica, e in particolare dal Brasile e dall'Argentina, le grandi quantità di droga che, coltivate in Bolivia, arrivano in Europa con navi da crociera e commerciali, grazie a marinai compiacenti, originari dell'ex Iugoslavia. Le compagini criminali di etnia serbo-montenegrina avrebbero un unico centro di comando e controllo. Per alcuni il capo sarebbe Darko Šaric, per altri un montenegrino residente in Germania. Quando le navi da crociera o i mercantili giungono in Europa, entrano in moto una serie di cellule che si occupano dello scarico e dello stoccaggio. In alcuni casi la droga viene gettata in mare e poi raccolta da pescherecci, in altri casi viene scaricata nei porti e trasportata in appartamenti affittati dall'organizzazione nei pressi di città portuali. In altri casi ancora, la droga arriva tramite container. In cinque giorni, tra il 30 gennaio e il 5 febbraio 2009, la polizia romena ha sequestrato nel porto di Costanza, in due diverse operazioni, più di cinquemila chilogrammi di cocaina.

Le 'ndrine si comportano sempre più da broker e riducono i rischi per se stesse; sono gli slavi che si sporcano le mani al loro posto, spinti dal sogno di guadagnare tanti soldi e poter «guidare il cavallino [la Ferrari]», come emerge da alcune intercettazioni. E così, grazie alla 'ndrangheta, la mafia serba entra nei traffici del Mediterraneo, mettendo a frutto l'esperienza maturata con il contrabbando di sigarette. La mafia serbo-montenegrina è aggressiva, feroce e pronta allo scontro pur di mettere le mani sulla cocaina proveniente dalla Bolivia. Nel maggio 2010, proprio in Bolivia, in un conflitto a fuoco in una località a 190 chilometri da Santa Cruz de la Sierra, sono stati uccisi due cittadini serbo-montenegrini, ritenuti guardaspalle di un potente boss del narcotraffico entrato in contrasto con esponenti di alcuni cartelli messicani.

Anche i narcos calabresi hanno messo gli occhi sulla Bolivia?

Agli inizi degli anni Ottanta, una strana febbre coglie molti calabresi: quella del turismo d'avventura. Tutti hanno fretta di raggiungere Santa Cruz, anche se fino ad allora non s'erano mai spinti oltre i confini dei loro paesini, filari di case sbilenche rannicchiate sulle erte aspromontane. Come mai tanto interesse per la Bolivia? Dicono di essere attratti dal fascino delle donne sudamericane. «Sunnu cchiù puliti», sono più belle, spiegano agli inquirenti quando vengono convocati in questura. Poi arrivano i primi arresti e i primi sequestri di droga, la cosiddetta *cochabamba*, la cocaina boliviana. In carcere finiscono prima Oreste Giovanni Squillaci e poi Pasquale Mollica, anche loro contagiati dalla febbre boliviana.

A Gioia Tauro si continua a sequestrare cocaina. E nel settembre 2010 in un container vengono ritrovate 7 tonnellate di esplosivo T4. È un brutto segnale: a chi e per che cosa poteva servire questo carico?

L'esplosivo sequestrato non era destinato alla Calabria, ma la conferma che Gioia Tauro viene utilizzata come porto di transito per traffici internazionali è ovviamente preoccupante. È un porto grande, con una struttura che consente di eludere facilmente i controlli e mimetizzare l'attività illecita. Già nell'ottobre 2010 erano stati sequestrati 10 quintali di cocaina purissima nascosta in tubi di metallo montati sul telaio di alcuni carrelli agricoli. La droga, per un valore di 250 milioni di euro, era destinata al mercato della Lombardia, della Gran Bretagna e dell'Olanda. Il ritrovamento è senz'altro un fatto eccezionale. Se i trafficanti non avessero avuto la certezza che il transito sarebbe avvenuto senza problemi, non avrebbero rischiato il sequestro di un quantitativo così rilevante di droga. Normalmente agiscono con prudenza, spostando piccole quantità che man mano vengono aumentate. Se hanno osato rischiare tanto, dobbiamo pensare che, in passato, analoghe operazioni siano state concluse con esito positivo, facendo giungere a destinazione altre ingenti partite di droga.

Il porto di Gioia Tauro sarebbe dovuto diventare la principale porta d'ingresso per la merce contraffatta destinata all'Europa.

I cinesi avevano già stipulato con la 'ndrangheta un patto di ferro. I loro container sarebbero sbarcati nel porto calabrese, dove le 'ndrine si facevano garanti dei controlli doganali. Con enormi guadagni per tutti. Gli spedizionieri orientali pagavano tasse di gran lunga inferiori a quelle dovute, perché dichiaravano merci di valore molto più basso. I clan intascavano per il «servizio di rappresentanza» somme cospicue, da reinvestire in affari puliti. Il business era perfetto. Era sufficiente che nessuno andasse a mettere il naso sui moli. Su questo fronte, i boss erano tranquilli. Potevano contare su alcuni funzionari dello Stato corrotti. Unti come i soldi incassati da picciotti e *mammasantissima* della Piana di Gioia Tauro e falsi come i marchi importati dalla Repubblica popolare cinese.

Come si fa a combattere il narcotraffico, quando le polizie dei vari paesi del mondo faticano a collaborare?

È il problema dei problemi. Lo dico da tempo, ma pochi hanno voglia di ascoltare. L'Unione Europea ha facilitato la mobilità dei mafiosi. Sono cadute le barriere, ma poco o nulla si è fatto per omologare i codici, rafforzare la cooperazione tra le polizie. Il trattato di Schengen ha semplificato le richieste di estradizione; oggi, per esempio, è più facile riportare in Italia un mafioso arrestato in un altro paese dell'Unione Europea. Ma i problemi restano, soprattutto per il diverso trattamento che i codici dei vari paesi riservano alle associazioni mafiose. In Europa, solo l'Italia riconosce il reato di associazione mafiosa. Una situazione giustificabile cent'anni fa, quando le nostre mafie avevano ambiti più ristretti, ma non più accettabile oggi che le organizzazioni criminali agiscono su scenari globali, padroneggiano le nuove tecnologie, grazie alle quali si spostano con grande facilità, mentre noi restiamo impigliati nella rete delle carte e della burocrazia.

Grazie al sistema Gps siamo riusciti a seguire un trafficante di droga che in un solo giorno ha attraversato ben tre paesi: Germania, Belgio e Olanda. Senza l'utilizzo della tecnologia, quella che tanta parte della politica sembra voler mettere in discussione, si sarebbero dovute coinvolgere le polizie di tre Stati diversi. E ci saremmo persi tra le carte della burocrazia.

Recentemente lei è stato in Canada, ma non ha trovato la scorta ad aspettarla. Perché? Non c'era alcun pericolo?

È un fatto che mi ha sorpreso molto. Sono ormai alcuni decenni che non vengo lasciato privo di scorta, in nessuna parte del mondo. Mi trovavo in Canada per un invito di Martin Stiglio, direttore dell'Istituto italiano di cultura di Toronto. Solo dopo la mia partenza per l'Italia, il portavoce della Royal Canadian Mounted Police (Rcmp), la polizia federale canadese, ha dichiarato alla stampa che non avevo trovato la scorta ad attendermi perché in Canada non correvo alcun pericolo. Una valutazione che ancora mi lascia sconcertato. Il Canada è un paese che conosco. Ci sono andato per la prima volta nel 1992, invitato dall'università di

York, e ne ho approfittato per studiare le loro tecniche investigative, soprattutto quelle relative alle intercettazioni. Ma sulla lotta alle mafie è un paese che arranca. Per evitare i processi, si ricorre spesso al rito abbreviato e si patteggia la pena con i trafficanti di droga. Un atteggiamento indulgente, come dimostra anche la vicenda processuale di Alfonso Caruana, potente boss del narcotraffico condannato a pochi anni di carcere pur avendo ammesso la sua responsabilità nella gestione di imponenti traffici di droga.

In Canada la 'ndrangheta è presente dai primi del Novecento. Ancora oggi, quando indaghiamo sulle 'ndrine della Locride, troviamo continui riferimenti a Toronto, Vaughan, Montréal, Thunder Bay. A Vaughan, una città a nord di Toronto, per esempio, ci sono locali di 'ndrangheta simili a quelli che operano a Siderno. E sempre a Vaughan sono stati arrestati boss del calibro di Giuseppe Coluccio, inserito nella lista dei trenta latitanti più pericolosi, e di Antonio Commisso, condannato per associazione mafiosa e ritenuto il boss della 'ndrangheta di Siderno. Erano entrati illegalmente e, dopo l'arresto, sono stati espulsi per violazione della legge sull'immigrazione. Anche in Canada la pericolosità cresce, ma la tensione che, negli anni passati, ne ha caratterizzato l'azione contro la criminalità organizzata, purtroppo, va diminuendo. Fino a pochi anni fa, la Rcmp era molto più disponibile alla collaborazione.

Questo calo di tensione contro la criminalità organizzata riguarda solo il Canada?

Purtroppo no, situazioni simili si registrano anche in alcuni paesi dell'America Latina dove la corruzione cuce molte bocche e dove per noi italiani è sempre più faticoso indagare. Gli Stati dell'America Latina sono diventati destinazione privilegiata di molti trafficanti italiani che qui arrivano per acquistare droga, ma anche per investirne i profitti. L'Argentina è, per esempio, uno dei paesi che offre diverse possibilità. Ci sarebbe molto da fare, sul piano investigativo, anche in Bolivia, Venezuela, Ecuador, Perú e Brasile.

Che cosa si può fare per migliorare l'azione di contrasto?

Per prima cosa bisogna prendere consapevolezza dei rischi che le mafie rappresentano. Sono concreti e crescenti pericoli che condizionano la vita delle persone e minacciano la democrazia stessa. Gli americani, nell'ottobre 2010, hanno riconosciuto che le loro priorità sono cambiate e che, rispetto ai cartelli messicani, Al Qaeda, la terribile organizzazione terroristica, li preoccupa molto meno. Un'analisi che purtroppo non viene fatta né in Europa, né in tanti altri paesi del mondo.

Non basta denunciare la pericolosità della criminalità transnazionale, ma è necessario unire le forze e porre mano a un progetto di riforma dei codici, potenziando la collaborazione investigativa. In particolare occorre adeguare la legislazione europea a quella italiana, creando uno spazio giuridico coerente con la Convenzione Onu contro la criminalità organizzata, approvata a Palermo nel 2000. Molti Stati hanno recepito quell'accordo, ora però bisogna metterlo in pratica. La creazione di uno spazio giuridico comune in Europa serve per fare capire alle mafie che non esistono santuari o zone franche, e che in ogni territorio dove cercano di mettere radici devono fare i conti con una legislazione antimafia adeguata. L'Europa è ancora all'anno zero, soprattutto in materia di riciclaggio di denaro e sequestro dei beni. Oggi 'ndrangheta, cosa nostra, camorra, sacra corona unita fanno affari in Italia e vanno a riciclare altrove. C'è bisogno di un grande impegno a livello di Parlamento europeo. Il quadro normativo oggi esistente, purtroppo, serve a poco. Eurojust ed Europol sono sigle che mostrano continuamente i loro limiti.

Le mafie si sono globalizzate. Ora tocca all'antimafia. Non possiamo aspettarci nulla di buono se la lotta resterà solitaria e condotta in ordine sparso.

I cartelli messicani che tanto spaventano gli Stati Uniti sono un pericolo anche per l'Europa?

Penso proprio di sì, come conferma anche un recente rapporto della Unodc, l'ufficio contro la droga e la criminalità delle Nazioni Unite. I rapporti con la 'ndrangheta sono emersi durante l'operazione «Solare», con la scoperta dei collegamenti tra una 'ndrina di Gioiosa Jonica trapiantata a New York e i Los Zetas, ex corpi speciali dell'esercito messicano addestrati in Georgia per combattere i guerriglieri zapatisti del subcomandante Marcos. Uomini spietati e disposti a tutto che, usciti dall'esercito, per alcuni anni hanno ingrossato le file del potente Cartello del Golfo. Oggi sono indipendenti e reclutano ex esponenti dei Maras, la gang più violenta del mondo, e militari dei Kaibiles, le teste di cuoio dell'esercito guatemalteco. In Messico è guerra totale. Oltre ai Los Zetas, ci sono almeno dieci organizzazioni che si contendono il mercato americano, un business da 25 miliardi di dollari all'anno, e che sognano di conquistare anche quello europeo, con prezzi più bassi rispetto a quelli praticati dai colombiani. In Messico, dal 2006 a oggi, per mano dei narcos sono morte circa ventiseimila persone. I cartelli messicani ci tengono a farsi riconoscere come i più violenti e i più crudeli. «Plomo o plata», piombo o denaro, come dire che non c'è via d'uscita, o si corrompe o si uccide; comunque la violenza è l'unico linguaggio che conoscono.

Da dove arriva la droga? Quali sono oggi le rotte del narcotraffico?

Colombia, Perú e Bolivia si dividono il triste primato dei paesi che producono più cocaina, mentre il 94% delle colture mondiali di papavero da oppio è concentrato in Afghanistan e Myanmar, l'ex Birmania. Secondo le ultime stime delle Nazioni Unite, il fatturato mondiale del traffico di cocaina si aggira sui 72 miliardi di dollari, mentre si attesta sui 33 quello dell'eroina. Complessivamente, queste due droghe fanno guadagnare a chi gestisce la filiera circa 280 milioni al giorno; vale a dire 12 milioni all'ora, 200.000 dollari al minuto. Ai produttori restano le briciole. A quelli andini non più del 2,5%, agli afghani qualcosa in più. Si calcola che in Afghanistan un chilo di eroina costi meno di 3000 dollari. Il prezzo lievita fino a 11.000 dopo l'attraversamento della Turchia e arriva a 44.000 quando raggiunge le principali piazze europee. Un viaggio che vede crescere il valore dell'eroina di circa il 1500%.

Costi alti, ma che non scoraggiano i consumatori; purtroppo in continuo aumento, soprattutto in Europa, diventato il secondo mercato, dopo quello americano che resta, comunque, il più importante.

L'eroina segue tre rotte. La principale è quella che passa dall'Iran e poi giunge in Europa occidentale attraverso i Balcani, consentendo il transito del 35-40% del totale di droga proveniente dall'Afghanistan. La seconda, pari al 25-30%, passa dalle ex repubbliche sovietiche dell'Asia centrale (Tagikistan, Uzbekistan e Turkmenistan) e raggiunge la Russia, dove il consumo di eroina è in forte aumento, come i quasi due milioni e mezzo di tossicodipendenti. La terza, per il restante 25-30%, corre lungo il confine con il Pakistan e arriva in Europa via mare. L'eroina consumata in Italia entra sempre più frequentemente dal Friuli - Venezia Giulia.

La cannabis marocchina arriva da sud, mentre dai laboratori olandesi giunge l'ecstasy.

La cocaina destinata al mercato europeo di norma arriva attraverso i porti di Spagna e Olanda (Rotterdam), ma anche di Belgio (Anversa), Romania (Costanza), Germania (Brema) e Italia (Livorno, Genova, Napoli e Gioia Tauro). La Spagna è ormai diventata il più grande deposito di cocaina d'Europa. Sulle coste atlantiche, quelle della Galizia, sbarcano carichi da 2000 fino a 8000 chili alla volta.

Negli ultimi tempi sono aumentate le spedizioni provenienti dall'Africa, dove esistono grosse aree di stoccaggio, soprattutto in Togo, Namibia, Senegal, Guinea-Bissau e Guinea Conakry, Ghana e Benin.

Dopo aver messo radici in Europa, Oceania, Nord e Sudamerica, la 'ndrangheta e le altre mafie italiane sono arrivate anche in Africa?

Purtroppo sì e da tempo. A Città del Capo vive un presunto boss di cosa nostra, quel Vito Roberto Palazzolo che oggi si fa chiamare Robert von Palace Kolbatschenko e di cui, da oltre vent'anni, la magistratura italiana chiede inutilmente l'estradizione. La mafia calabrese ha messo radici in Sudafrica. A Johannesburg pare che ci sia un locale di 'ndrangheta, legato alle famiglie della Locride. In questo continente, gli interessi delle mafie italiane sono enormi e in crescita, soprattutto nel mercato della droga.

Sempre più spesso la cocaina che i nigeriani esportano in Europa fa tappa in Italia. Per il trasporto vengono utilizzate donne che ospitano nel loro corpo la droga confezionata in ovuli, riuscendo così a eludere i controlli doganali. Quasi sempre si tratta di donne ridotte in schiavitù e soggiogate con riti magico-tribali.

L'Africa, soprattutto quella occidentale, è diventata uno snodo centrale per il traffico di stupefacenti. Ci sono paesi, come la Guinea Bissau, controllati dai narcos e segnati da continui colpi di Stato e omicidi di politici e militari, terre in balia della criminalità che offrono basi sicure per lo stoccaggio di grosse partite di droga. I militari, sottopagati e spesso non pagati, sono merce facile per una corruzione dilagante. Inoltre, come è emerso da alcuni file diffusi da WikiLeaks, la pressione degli Usa nei paesi dell'America Latina starebbe spingendo i narcos a traslocare i propri paradisi proprio in Africa, dalla Guinea al Ghana.

Cresce dappertutto la preoccupazione dei rifiuti, premio e dannazione dei paesi industrializzati. Come ha fatto un continente affamato come l'Africa a diventare terra di smaltimento?

Per chi deve riciclare rifiuti, lo spazio e il vuoto sono elementi di ricchezza. E l'Africa è piena di vuoti, pronti a essere riempiti con i rifiuti dei paesi industrializzati. La criminalità ambientale è un problema che ci riguarda molto da vicino e che rappresenta una grave e tragica ferita per la salute di persone e territorio. In Italia il fatturato dell'ecomafia è pari a 21 miliardi di euro. Nel 2008 sono stati accertati 25.776 reati; quasi settantuno al giorno, tre ogni ora.

Le mafie pensano solo ad arricchirsi, come emerge dalla conversazione tra due 'ndranghetisti che, in provincia di Reggio Calabria, volevano costruire una scuola speculando sulla qualità del calcestruzzo. Uno dei due propone di usare minori quantità di cemento nell'impasto con la sabbia; ma l'altro si mostra contrariato perché quantità minori di cemento avrebbero potuto danneggiare la pompa idraulica. Né l'uno né l'altro vengono sfiorati dalla preoccupazione che la scuola, così costruita, sarebbe stata maggiormente esposta al rischio di crolli.

Episodi analoghi, purtroppo, ce ne sono tanti. In Campania, Gaetano Vassallo, prima di collaborare con la giustizia, ha amministrato il grande affare dei rifiuti per conto della famiglia Bidognetti. È stato l'imprenditore che ha aperto la rotta dei rifiuti tossici alle aziende del Nord. Ha dichiarato di avere sversato tonnellate e tonnellate di rifiuti in smaltimenti realizzati in cave dismesse, in terreni vergini e in discariche non autorizzate. E aggiunge che avvicinandosi ai fusti tossici di una impresa che produceva coloranti anche i topi morivano.

Ma il mancato rispetto delle regole edilizie non è un problema solo del Sud.

Pare che il Santa Giulia, uno dei più bei quartieri di Milano, sia stato costruito su un terreno inquinato da fiumi di scorie cancerogene. È una zona che fino agli anni Settanta ha ospitato stabilimenti della Montedison e delle Acciaierie Redaelli. In una inchiesta di Paolo Biondani e Mario Portanova, pubblicata dall'«Espresso», si fa riferimento a veleni tossici che sarebbero stati portati in quella zona dai tir di clan legati alla 'ndrangheta. Si legge anche: «Oggi Milano è disseminata di megaprogetti già sequestrati per inquinamento, con migliaia di famiglie disperate, o ad altissimo rischio di nuovi blitz giudiziari [...] sul modello Santa Giulia».

Dall'Africa non arriva solo la droga, ma anche i tanti disperati che sfuggono dalla miseria e dalla guerra.

Sono gli ultimi della terra. E spesso finiscono sotto il controllo delle mafie.

IV

Da Rosarno a Milano

Gioia Tauro, Rosarno, Sinopoli, Seminara, Cittanova, Oppido Mamertina sono terre di cosche antiche quanto gli ulivi della Piana. Qui la 'ndrangheta ti entra dentro e ti avvelena come una nube tossica. La vivi giornalmente sulla tua pelle e ne senti addosso il fiato fetido, come i miasmi lividi di un girone infernale. Qui comandano i Piromalli, i Bellocco, i Pesce, i Mammoliti, gli Alvaro, i Crea, gente che, allo scontro con lo Stato, preferisce il tradizionale e prudente mimetismo all'ombra dei poteri legali.

Girolamo «Mommo» Piromalli è stato uno dei grandi padrini della 'ndrangheta. Pensava sempre alla terra e parlava spesso di terreni e di pascoli, di tumuli e di salme, di arance e di ulivi. Si è arricchito con i soldi che lo Stato ha investito in Calabria per realizzare centrali a carbone, centri siderurgici, dighe che non hanno mai prodotto benessere e neanche hanno rotto l'isolamento di una regione continuamente in fuga da se stessa. Gli altri boss, in questo angolo di Calabria, non sono stati da meno. «Rosarno è nostro, deve essere nostro [...] sennò non è di nessuno» rammenta nel giugno 2009 Umberto Bellocco, figlio di uno dei boss più spietati della zona, uno di quelli che hanno fatto fortuna con la terra sottratta ai vecchi proprietari della Piana. Sono loro che comandano, la nuova razza padrina che prima teneva sotto schiaffo le donne e i contadini e ora controlla la manodopera africana, quella che, fino a poco tempo fa, veniva massicciamente utilizzata per raccogliere le clementine. Nessuno ha mai pensato di protestare. In questi luoghi, una domanda in più o una risposta in meno possono bastare per finire schiacciati come una mosca sul vetro.

Nel giugno 1980 Giuseppe Valarioti, segretario del Partito comunista di Rosarno, viene ucciso all'uscita di un ristorante, dove era andato a festeggiare la vittoria del suo partito alle elezioni amministrative. Valarioti viene eliminato perché aveva cercato di combattere il caporalato, lo sfruttamento disumano delle raccoglitrici di olive e di arance, il mercato nero delle braccia. È ancora oggi un omicidio impunito, come quello di Giovanni Losardo, segretario generale della procura di Paola, in provincia di Cosenza, ucciso nello stesso anno.

A Rosarno, fino a qualche anno fa, centinaia di lavoratori stagionali, ogni giorno all'alba, si presentavano con gli stivali di gomma verde alle porte del paese, pronti, a un cenno dei caporali, a salire su pulmini diesel e raggiungere gli agrumeti della Piana. Guadagnavano 25 euro per un'intera giornata di fatica. Una miseria, su cui l'autista che li accompagnava e i caporali che li sfruttavano facevano anche la cresta, pretendendo fino a sette euro al giorno. Pagavano senza fiatare e al tramonto tornavano a vivere come topi in catapecchie di cartone all'interno di fabbriche dismesse o di ovili diroccati. Senz'acqua, senza luce, senza bagni.

Nel febbraio 2009, un inviato della Bbc segnala la vergogna di quei lager, bidonville dove centinaia di uomini vivono come animali. Non in Africa, bensì nel cuore d'Europa. Tutti sapevano di quegli uomini costretti a faticare come bestie, stagione dopo stagione, mese dopo mese, a raccogliere arance dopo aver lavorato in Sicilia, nelle vigne di Marsala, e in Puglia fra gli ulivi più belli del Mediterraneo, in attesa di trasferirsi in Campania a spezzarsi la schiena negli orti. Era il popolo della fame. Un popolo che adesso a Rosarno non serve più.

Negli ultimi due anni, la richiesta di manodopera si è ridotta dell'80%, e bulgari e rumeni sono diventati più graditi degli africani perché cittadini europei che, assoldati in nero, fanno rischiare multe più lievi.

Ma non si tratta solo di multe. Raccogliere arance è diventato poco conveniente, soprattutto da quando l'Unione Europea ha cambiato i criteri di assegnazione dei contributi, destinando i sussidi non più sulla base del raccolto, ma dell'estensione del terreno. L'Europa paga a ettari e non a chili. Con queste nuove disposizioni, guadagna di più chi lascia le arance sugli alberi, o addirittura a marcire per terra.

Fino a qualche anno fa, le arance erano un business, come quello delle fatture gonfiate. Nel 2004 otto persone sono finite in carcere per avere riscosso 600.000 euro di contributi illeciti: dei duecentocinquanta camion di agrumi dichiarati, solo dodici erano realmente partiti. Nel 2008, altri quarantacinque arresti per un affare di 18 milioni di euro. Anche la 'ndrangheta ne ha approfittato, scremando i contributi europei, truffa dopo truffa.

I fatti di Rosarno non sono solo frutto di un raptus di follia. Che la rabbia stesse montando si era capito nel dicembre 2008, durante una protesta scoppiata in seguito al ferimento di due ivoriani.

La vicenda dei lavoratori di Rosarno ricorda quella di tanti italiani. Una storia che molti ormai hanno dimenticato. Gian Antonio Stella, scrittore e giornalista del «Corriere della Sera», ricorda spesso che quando gli africani eravamo noi, più volte i nostri nonni erano stati portati in salvo come i neri di Rosarno per sfuggire ai pogrom razzisti di

Zurigo, Aigues-Mortes e New Orleans. Ma a noi, figli e nipoti di uomini vissuti nelle baracche e morti nelle miniere, quelle pagine di storia sembrano non aver insegnato nulla.

Prima dei fatti di Rosarno, il caporalato non era considerato un reato e il lavoro nero veniva punito con una sanzione amministrativa. Pochi avevano avuto il coraggio di ribellarsi. Lo hanno fatto gli immigrati nel 2008 a Castel Volturno e nel 2010 a Rosarno, dimostrando di avere più coraggio di molti italiani, come sostiene Roberto Saviano, autore di *Gomorra*.

Rosarno, però, non è il paradigma della Calabria. In questa terra c'è spazio per un'altra faccia, quella dell'accoglienza, dell'integrazione, della solidarietà. È la Calabria dell'Alto Ionio reggino, quella che fa fatica a varcare il Pollino, ma che esiste e accende speranze. Immagini di solidale accoglienza, che non riescono però a farci dimenticare quelle dei milleduecento immigrati costretti a fuggire come animali braccati per evitare il linciaggio di una muta di cani violenti e feroci. Una violenza figlia del racket delle braccia; solo uno dei tanti affari della 'ndrangheta, che ormai pesa in modo rilevante sull'economia legale, negando la libertà di impresa e impoverendo il territorio.

Il 10 gennaio 2010 Rosarno finisce sulla prima pagina del «New York Times» con una grande foto di Carlo Hermann che raffigura un immigrato seduto dentro un'ambulanza, con un braccio fasciato al collo e la faccia gonfia dalle percosse, mentre viene medicato da una giovane infermiera. Nelle pagine interne altre due foto. Una, sempre di Hermann, mostra i bulldozer che abbattono le baracche degli immigrati e l'altra, di Franco Cufari, un momento degli incidenti, con pneumatici bruciati e scene di violenza: una sorta di Quarto Stato che avanza, guidato da un giovane extracomunitario che porta sulla spalla un cartello stradale di stop. Sono immagini che hanno fatto il giro del mondo. Che cosa è cambiato a distanza di un anno?

La brutta storia dei migranti di Rosarno, paradossalmente, è servita a richiamare l'attenzione sulla Calabria, una regione che continua a fare notizia solo quando la 'ndrangheta mostra i denti. Sono trascorsi centocinquant'anni dall'unificazione dell'Italia, ma la Calabria resta un buco nero, un luogo che il resto del paese fa fatica a capire. Il 27 giugno 1870, la «Gazzetta Piemontese», in prima pagina, così scriveva: «V'ha una regione in Italia che, per la massima parte degl'Italiani del Settentrione e del Centro, è conosciuta meno che la Prussia e la Svezia, ed è la Calabria. Appena è noto il nome delle città principali bagnate dal mar Jonio. Il viaggiatore raramente recavasi oltre Napoli e faceva una eccezione per Sorrento, per essere patria di Torquato Tasso, e solo da qualche anno alcuni pochi hanno visitato le spiagge pugliesi dell'Adriatico, grazie alla novella strada ferrata meridionale. Il paese che si estende oltre il *molle Tarentum* è stato sinora per noi la Cina».

Per il giornale piemontese la Calabria era la Cina, e per alcuni aspetti lo è ancora, senza però averne la forza economica. Dal 1861 il Meridione viene trattato come una colonia, quasi come l'Eritrea, la Libia e l'Etiopia; e non è solo colpa di un governo centrale e lontano, ma anche dell'ignavia di una classe politica meridionale che ha quasi sempre venduto voti in cambio di assistenza.

È trascorso un anno, ma purtroppo a Rosarno è cambiato molto poco. Anche se non vanno trascurati i gesti di solidarietà che si sono registrati a Polistena, dove la popolazione locale ha voluto prendersi cura di cinque immigrati che erano stati ricoverati in ospedale per i gravi traumi dovuti alle violente percosse durante gli scontri del gennaio 2010. E dopo la degenza è stata assicurata loro un'abitazione. È nato così il progetto di accoglienza «La Tenda di Abramo», che vuole garantire agli immigrati anche vitto, alloggio e opportunità di lavoro nella cooperativa agricola «Valle del Marro», nata su terreni confiscati alla 'ndrangheta.[1]

È una bella e importante esperienza, ma resta una eccezione. Gli africani, tornati a Rosarno, continuano a lavorare per la solita misera paga. Sembra che nulla sia cambiato, così come immutata è rimasta la nostra scarsa capacità di comprendere i bisogni degli immigrati, che in Italia sono poco meno di cinque milioni e contribuiscono alla produzione dell'11% del Pil. Con il loro lavoro versano nelle casse dello Stato circa 11 miliardi di contributi previdenziali; risorse preziose per il welfare nazionale, di cui però non si tiene conto.

Le immagini di Rosarno hanno fatto il giro del mondo; avremmo preferito richiamare l'attenzione dei media per altri aspetti della nostra terra.

Sono d'accordo con lei. Ma il compito dei media è di accendere le luci soprattutto sulle cose che non vanno.

Ci sono casi in cui anche la stampa ha delle responsabilità. Per esempio, l'operazione «Crimine» ha messo in luce le connessioni della 'ndrangheta con tredici esponenti politici lombardi, tra sindaci, assessori, consiglieri comunali e provinciali, deputati e semplici candidati. I media ne hanno parlato per qualche giorno, poi niente più. Era una inchiesta che ha coinvolto politici che, seppur non indagati, avevano, in modo più o meno consapevole, beneficiato dei voti della 'ndrangheta. Se questo fosse accaduto in Calabria, i giornali, per mesi, avrebbero dedicato ampi spazi alla notizia. Ma a Milano è diverso, si tende a pensare che i politici collusi siano solo al Sud. Anche questo è frutto di pregiudizi.

Secondo lei l'Italia è un paese razzista?

Me lo chiedo spesso, ma non so rispondere. Forse lo sta diventando nel suo modo di pensare, più che nel suo modo di agire.

Parliamo del Nord, si può ignorare che qui le mafie sono radicate da tempo?

Magistrati come Alberto Nobili hanno fatto la storia dell'antimafia a Milano.

In Lombardia ci sono stati migliaia di arresti e processi. Il consiglio comunale di Buccinasco è stato sciolto per infiltrazioni mafiose. Ci sono stati collaboratori di giustizia, come Saverio Morabito, Antonio Zagari e Calogero Marcenò, che hanno descritto dettagliatamente le dinamiche della 'ndrangheta in Lombardia. Il problema è che questo paese ha la memoria corta.

A Brescia, già all'inizio degli anni Settanta, attentati riconducibili alla 'ndrangheta facevano saltare i camion nei cantieri. In Lombardia ci sono state stragi, come quella al ristorante Le streghe di Milano, avvenuta nel novembre 1979 e costata la vita a otto persone. Sempre a Milano, durante scontri tra clan, sono stati uccisi cittadini innocenti. E di recente si è saputo che una testimone di giustizia è stata uccisa e sciolta nell'acido. Milano è anche questa. E la piovra non è solo una fiction televisiva, come pensava l'ex sindaco di Milano, Paolo Pillitteri. Negli ultimi cinque anni ci sono stati quindici omicidi, undici dei quali probabilmente legati alla 'ndrangheta e quattro a cosa nostra. Ma tutto questo non sembra essere ancora sufficiente ad aprire un dibattito, a sedersi attorno a un tavolo e affrontare seriamente il problema. Non si può continuare con le contrapposizioni Nord e Sud. Bisogna guardare in faccia la realtà, non è più possibile volgere lo sguardo da un'altra parte.

Nel corso di una celebre conferenza tenuta nel 1900 a Torino, Gaetano Mosca rilevava che quanti «discorrono e scrivono di mafia, in tutta Italia, ma specialmente in quella settentrionale, raramente hanno un concetto preciso ed esatto della cosa e delle cose che con la parola mafia vogliono indicare». In Italia, le mafie sono riuscite a riprodursi negli ultimi centocinquant'anni grazie alla forza dei legami interni e alla ricchezza delle relazioni esterne. Oggi hanno potenza economica ed espansione geografica.

«Tutto il mondo è diviso in Calabria e ciò che lo diventerà» hanno scritto i carabinieri di Monza. È una esagerazione?

È un paradosso che potrebbe diventare realtà, soprattutto se si continua a indebolire l'azione di contrasto alle mafie. Se non riusciamo a combatterle efficacemente è molto probabile che ciò che oggi non è Calabria presto possa diventarlo. E se questo accadesse, saremmo tutti meno liberi e più insicuri.

Per capire il fenomeno dell'espansione mafiosa nel paese, bisogna partire da una corretta analisi storica, e non si può prescindere dalla questione meridionale. Se il problema delle mafie non verrà risolto, non riusciremo mai a essere competitivi rispetto agli altri paesi industrializzati. Un concetto recentemente ribadito anche dal governatore della Banca d'Italia, Mario Draghi, per il quale «la criminalità organizzata infiltra le pubbliche amministrazioni, inquina la fiducia tra i cittadini, ostacola il funzionamento del mercato e accresce i costi della vita economica e civile».

«Se alcuni cognomi evocano collegamenti con le famiglie mafiose, ciò non vuol dire che necessariamente a Milano e in Lombardia la mafia esista.» Sono le parole del prefetto di Milano, Gian Valerio Lombardi. Lei che cosa ne pensa?

Se ha detto così avrà avuto le sue ragioni. Che io non condivido. Ripeto, di mafie a Milano si parla già negli anni Settanta. La 'ndrangheta si è manifestata dopo gli arresti di Angelo Epaminonda e Francis Turatello, quando assunse il controllo del traffico di eroina con la Turchia. È arrivata in Lombardia negli anni del boom economico e non è passata inosservata. Ha impiantato una raffineria di eroina nel Bergamasco, ha scatenato una guerra contro i fratelli Pompeo, eredi di Epaminonda, e alleati dei fratelli Batti, e ha investito dappertutto, perfino nella Galleria Vittorio Emanuele. È finita nel mirino della Direzione distrettuale antimafia di Milano, ha intrecciato rapporti con il mondo politico e ha causato lo scioglimento del consiglio comunale di Desio. La stessa cosa ha fatto in Piemonte, dove è arrivata a uccidere un procuratore della Repubblica, ma anche a infiltrarsi nei lavori per le opere delle Olimpiadi invernali e in quelli dell'alta velocità.

Cos'altro avrebbe dovuto fare per richiamare l'attenzione della classe politica e dirigente? Non si è limitata a lavorare sotto traccia. E non è stata «liquida», come ha cercato di spiegare la Commissione parlamentare antimafia nel 2008. La 'ndrangheta è cresciuta nel silenzio delle istituzioni, dimostrando di avere una forte solidità territoriale.

C'è, però, un aspetto che sfugge a molti, e cioè che per entrare nelle banche e nell'economia del Nord servono uomini di quei territori; i cosiddetti «uomini cerniera», capaci di collegare mondi diversi. La logica segue regole antiche: basta avere qualcosa da offrire per pretendere qualcos'altro in cambio. L'accordo si trova sempre.

Nonostante le mafie dimostrino quotidianamente la loro pervasività, c'è ancora chi pensa che l'emergenza sicurezza sia legata al cittadino rumeno e alla sua fastidiosa insistenza nel lavare il vetro della nostra macchina al semaforo.

Importanti inchieste hanno documentato l'infiltrazione delle 'ndrine in molti settori dell'edilizia. È il segno di un progressivo radicamento?

Le mafie hanno individuato nell'edilizia la loro principale opportunità di arricchimento e di espansione. Soprattutto in momenti di crisi, con le banche che chiedono alle imprese in difficoltà il rientro dei capitali, organizzazioni criminali come la 'ndrangheta prosperano grazie all'usura, ma anche a una presenza sempre più diffusa nella filiera dei subappalti. Spesso aziende controllate dalle mafie utilizzano materiali scadenti e manodopera in nero. Possono disporre di strutture, uomini e macchinari i cui costi sono tagliati all'origine, dopando l'economia con forme sempre più aggressive di concorrenza sleale verso l'imprenditoria sana, grazie alle enormi iniezioni di liquidità che arrivano da altri rami dell'impresa mafiosa, a partire dal traffico di stupefacenti.

A Milano, come denunciano i sindacati degli edili, il settore dell'edilizia è composto per il 50% da lavoratori stranieri. Di questi, il 30% è costituito da clandestini che lavorano in nero e che guadagnano 3 euro all'ora contro i 22 dei lavoratori regolarmente assunti. Se denunciano il datore di lavoro, vengono espulsi per effetto delle norme contenute nel pacchetto sicurezza. Ma il problema va oltre l'edilizia ed è ampiamente diffuso.

Un rapporto del Censis del 2009 ha ribadito che le mafie non sono solo un problema di pochi: almeno tredici milioni di italiani, cioè il 22% della popolazione, ci vivono accanto e talvolta dentro, nei seicentodieci comuni che hanno fatto registrare infiltrazioni della criminalità organizzata. «In un simile contesto» ha commentato Giuseppe Pisanu, presidente della Commissione parlamentare antimafia, «la criminalità organizzata ha avuto gioco facile, ha invaso l'economia, è penetrata nelle amministrazioni pubbliche e ne ha influenzato le decisioni.» Bisognerebbe riportare l'etica al centro della politica, valorizzando la coerenza e il senso di responsabilità.

Il federalismo può aiutare a risolvere questi problemi?

Io credo di no. Il federalismo rischia di consegnare definitivamente il Sud alle mafie. Sarà molto più facile condizionare le scelte politico-amministrative nelle regioni dove maggiormente si sente la pressione mafiosa. Con il federalismo, e i centri di spesa a livello locale, le cosche hanno a portata di mano non solo la politica, ma anche l'amministrazione. La mentalità delle mafie è essenzialmente predatoria, puntano a divorare le risorse, ed è molto più facile farlo nei capoluoghi regionali che non a Roma: possono far pesare il loro controllo del territorio, la loro violenza, i loro voti e i loro soldi. Federalismo e business rischiano di intrecciarsi, in un meccanismo perverso che – senza forti controlli – potrebbe autoalimentarsi.

In Calabria ci sono 409 comuni, la maggior parte dei quali con una popolazione inferiore a tremila abitanti. Situazioni in cui basterebbe controllare 500-600 voti per decidere chi farà il sindaco, il tecnico comunale e il responsabile della tesoreria.

Ci si dimentica inoltre che la quota di spesa pubblica per abitante è significativamente maggiore al Nord rispetto al Sud, e che ogni provvedimento destinato al Sud viene presentato come una emergenza, come un fatto straordinario.

Il Sud, invece, avrebbe bisogno di lavori produttivi, non certo di assistenza, né di altro impiego pubblico (in Calabria ne accoglie il doppio della Lombardia). È una logica controproducente che genera solo clientelismo.

C'è poi un altro aspetto che non bisognerebbe trascurare quando si parla di mafie. Chi denuncia i mali del Sud non dovrebbe essere guardato con sospetto. La denuncia spesso è un atto di amore. Non basta dire c'è il sole, c'è il mare. A chi può venire in mente di andare in vacanza volentieri in luoghi dove, anche per costruire una caserma dei carabinieri, bisogna pagare il pizzo sul cemento e affidare i lavori di sbancamento alla criminalità organizzata? Lo stesso discorso vale per il Nord. La legalità non è soltanto un valore morale, ma anche un dato economico. Per migliorare l'immagine dell'Italia e della Calabria, bisogna migliorare sia la Calabria che il resto del paese. Non c'è altra soluzione. Non c'è bisogno di eroi, ma di persone che non devono essere viste come rivoluzionarie solo perché si comportano in modo normale.

Lei pensa quindi che un maggiore decentramento amministrativo potrebbe favorire le mafie?

Il rischio è prevedibile e concreto. Per evitarlo, si dovrebbero mettere in atto controlli rigorosi sulle uscite di denaro pubblico e procedere a una selezione della classe dirigente, politica e amministrativa. Le istituzioni regionali dovrebbero rispondere in prima persona del denaro, che oggi invece alimenta consorterie, sprechi e arricchisce le nuove mafie che, come evidenziano le indagini condotte in Calabria, in Sicilia ma anche quelle sulle infiltrazioni dei clan a Milano, stanno spostando il cuore del loro business dai cantieri alla sanità e ad altri settori importanti della spesa pubblica.

Nella primavera del 2008, durante una manifestazione antimafia, per la prima volta sono apparsi cartelli contro i giudici-scrittori. Anche lei ha il «vizio» di scrivere. Pensa di smettere?

No, non penso di smettere. Sulla 'ndrangheta c'è ancora tanto da scrivere, da capire e da raccontare. Quello di

San Luca è un episodio che ha sorpreso non solo me. Mai la 'ndrangheta aveva fatto proclami pubblici contro magistrati. Da tempo in Calabria si respira un clima pessimo. Sono segnali di un cambiamento che non promette nulla di buono. A Locri, un boss condannato per associazione mafiosa ha chiesto di interrompere l'udienza del processo per l'omicidio Fortugno per poter fare delle dichiarazioni spontanee. «La mia famiglia non è in lotta con nessuno» ha precisato. «Non conosco cos'è la 'ndrangheta, semmai chiedete ai giudici che scrivono libri.» Gli uomini di 'ndrangheta non amano sprecare le parole, come ha chiaramente spiegato il giornalista e scrittore Enrico Fierro. La 'ndrangheta sta subendo colpi duri, arresti, aggressioni ai beni. C'è il rischio concreto che i boss comincino a pensare alla vendetta.

Nel 2010 ci sono stati attentati contro il procuratore generale e altri magistrati di Reggio Calabria.

È il segno che la 'ndrangheta sta alzando il tiro?

Non saprei, anche in passato ci sono stati avvertimenti contro magistrati in Calabria. Finora le 'ndrine hanno scelto il quieto vivere e, benché invitate, hanno rifiutato di partecipare alle stragi con cui cosa nostra progettava di gettare nel caos l'Italia. La 'ndrangheta ha sempre dialogato con lo Stato, usando l'astuzia per tessere relazioni e la paura per controllare il territorio. Ora serpeggia un certo nervosismo e si nota. Le giovani leve scalpitano, gran parte della vecchia guardia è dietro le sbarre. Potrebbe non essere solo la 'ndrangheta a muovere i fili. Anche in Calabria esiste da tempo una borghesia mafiosa che si avvale di relazioni diffuse negli ambienti che contano. La 'ndrangheta vive soprattutto di collusioni e infiltrazioni in tutte le frange della società. Ma soprattutto non colpisce mai casualmente, o peggio, indiscriminatamente, tanto per colpire le istituzioni.

Nessuna idea su chi possa muovere le fila di questa strategia eversiva?

Tante, ma non amo parlare di ipotesi investigative. Ripeto, potrebbe non esserci solo la 'ndrangheta dietro questa strategia eversiva.

Il procuratore generale Salvatore Di Landro dopo l'attentato contro la sua abitazione si è sfogato: «Abbiamo la broncopolmonite quadrupla e ci propongono una cura di aspirina».

Sono parole che condivido. Troppi fatti gravi stanno accadendo. A gennaio 2010 la bombola di gas fatta esplodere davanti alla procura generale, poi il sabotaggio alla sua auto, l'attentato dinamitardo contro la sua abitazione e, infine, il bazooka lasciato vicino alla procura. I sistemi di sicurezza si sono dimostrati assolutamente inadeguati. Chi fa un lavoro come il nostro andrebbe protetto. In modo più serio.

Giuseppe Pisanu teme che la 'ndrangheta, minacciata come non mai dall'attività della magistratura, stia organizzando una risposta senza precedenti, paragonabile in qualche modo alle stragi di cosa nostra del 1992.

Ho rispetto per l'opinione di tutti. E non ho elementi per confermare o negare alcuna ipotesi. Comunque, anche in passato la magistratura ha sferrato colpi molto duri alla 'ndrangheta, come testimonia il processo Olimpia che, negli anni Novanta, ha rappresentato in Calabria ciò che il maxiprocesso a cosa nostra è stato in Sicilia. In quegli anni, le 'ndrine hanno subito duri contraccolpi. E quelle esperienze hanno lasciato il segno, hanno fatto capire qualcosa. Forse si tratta di prove di forza portate avanti da soggetti che sgomitano per rideterminare equilibri interni. Come dire: intanto mettiamo le bombe e poi vediamo che cosa succede. Credo che l'élite della 'ndrangheta stia subendo questa strategia. Comunque, se oggi registriamo ulteriori e sempre più importanti risultati, lo dobbiamo anche alla serietà e alla passione con cui tanti colleghi si dedicano al contrasto della criminalità organizzata.

Il procuratore generale di Ancona, Vincenzo Macrì, ha recentemente scritto: «O siamo in presenza di una mutazione radicale della 'ndrangheta, o di qualcosa che non è del tutto 'ndrangheta».

Ci sono indagini in corso e non amo parlarne, ma sono dichiarazioni che mi trovano d'accordo.

Nei processi calabresi e siciliani risulta, ora, meglio focalizzabile il rapporto di politici, imprenditori, funzionari e professionisti con le organizzazioni mafiose che mostrano una maggiore aspirazione a controllare e determinare le scelte delle istituzioni e della politica. Già quindici, venti anni fa, collaboratori di giustizia raccontavano di pellegrinaggi di politici presso esponenti di primo piano delle famiglie mafiose per assicurarsene l'appoggio elettorale in cambio della disponibilità a favorirli nell'esercizio delle funzioni pubbliche. Fenomeno che si è accentuato nel corso degli anni, presentandoci le organizzazioni mafiose come una lobby disponibile a sostenere l'elezione di politici che accettano di rappresentarne e tutelarne gli interessi.

Si sta attuando in pieno ciò che il legislatore aveva inteso punire mediante l'introduzione, nel 1982, del reato di associazione mafiosa, un vero e proprio ordinamento alternativo rispetto a quello espresso dallo Stato legale. I dati che via via emergono dai processi stimolano un'attenta riflessione sulla distinzione tra partecipazione associativa e concorso esterno. Quest'ultima figura giuridica, in progressiva e preoccupante crescita, punisce le condotte di fiancheggiamento alle associazioni mafiose di funzionari, politici, imprenditori e professionisti. E quando uno di questi si mette a disposizione delle organizzazioni criminali, fa proprie le regole di questo ordinamento alternativo alla legalità, diventando, a pieno titolo, partecipe dell'associazione mafiosa. Sono queste nuove caratteristiche che mi fanno pensare a una mutazione genetica, a un'evoluzione che va oltre il fenomeno tradizionalmente inteso, per combattere il quale serve un adeguamento della normativa.

In Calabria qualche boss ha anche deciso di collaborare. È un segnale importante.

Sì, ci sono segnali incoraggianti, anche se prima di definirli collaboratori di giustizia bisognerà verificare con attenzione tutto ciò che dicono. C'è sempre il pericolo di depistaggio. Sono ancora pochi però quelli che scelgono di collaborare nella 'ndrangheta, rispetto alle altre mafie. In primo luogo perché negli ultimi dieci anni sono venuti a mancare gli incentivi, e poi perché i mafiosi, ricorrendo al rito abbreviato in primo grado e al patteggiamento allargato in appello, hanno potuto ottenere notevoli riduzioni di pena. Questo governo ha abolito il patteggiamento in appello, facendo un passo in avanti, ma ancora non basta. Bisognerebbe negare l'accesso al rito abbreviato. Molto meglio sarebbe premiare con sconti di pena e agevolazioni solo chi realmente collabora con la giustizia. Agli altri andrebbe applicato il 41bis che prevede l'isolamento. Dovremmo cercare di convincere i mafiosi a ragionare in termini di convenienza, facendo capire loro che se scelgono la vita da mafioso queste sono le conseguenze con cui devono fare i conti. Se riuscissimo a adeguare le pene al danno sociale causato dalla criminalità organizzata e a confiscare i beni illegalmente accumulati, molti giovani non seguirebbero le orme dei padri.

Nino Lo Giudice ha cominciato a collaborare, seguendo l'esempio di Roberto Moio, genero del boss Giovanni Tegano, e Consolato Villani, sicario legato al clan Lo Giudice. Proprio a Villani, Nino Lo Giudice aveva detto: «Se finisco in carcere, faccio succedere la fine del mondo». C'è da credergli?

Non entro nel merito, sono indagini affidate ad altri colleghi. Mi auguro che sia credibile e che mantenga la promessa fatta a Villani. La stessa cosa ha detto a un tenente dei Ros Giovanni Zumbo, commercialista che ha avuto rapporti con uomini delle forze dell'ordine, arrestato nell'ambito dell'operazione «Crimine». «Di ciò che è successo a Reggio Calabria negli ultimi dieci anni, so tutto» fa mettere a verbale. «Se mi pento scuoto la città.» Zumbo passava informazioni riservate a un potente boss della 'ndrangheta e ad alcuni boss della provincia di Reggio Calabria senza chiedere apparentemente nulla in cambio. Ha avuto un ruolo rilevante nella vicenda dell'auto carica d'armi e di esplosivo fatta ritrovare durante il passaggio del presidente della Repubblica in visita a Reggio Calabria nel gennaio 2010.

Recentemente anche una donna ha deciso di collaborare.

Si chiama Giuseppina Pesce ed è figlia e nipote di due boss di Rosarno. Con la sua testimonianza contribuisce a sfatare il mito del sangue che non scolora. Ha deciso di collaborare con la giustizia perché vuole evitare ai suoi tre figli il destino che per loro era stato già stabilito dagli uomini della famiglia.

«Se io non cambio strada e non li porto con me,» ha dichiarato «quando uscirò il bambino potrebbe già essere in un carcere minorile, e comunque gli metteranno al più presto una pistola in mano; le due figlie invece dovranno sposare due uomini di 'ndrangheta, e saranno costrette a seguirli. Io voglio provare a costruire un futuro diverso per loro.»

Un fatto straordinario, soprattutto in terra di 'ndrangheta dove le donne sono, da sempre, l'architrave del potere mafioso. Ma le donne sono anche quelle che lottano con i denti per difendere i propri figli. E, se si ribellano, crolla tutto. Qualche crepa si è registrata a Filadelfia, piccolo centro in provincia di Vibo Valentia, dove alcune madri si sono ribellate denunciando la scomparsa dei figli, vittime di lupara bianca. Segnali incoraggianti che ci fanno ben sperare.

Sono cambiamenti che anche la 'ndrangheta avverte, come dimostra una conversazione tra due boss di Rosarno intercettata dai carabinieri. «Tutto è cambiato,» dice uno all'altro «una volta agli "uomini" li rispettavano tutti, ora ubbidiscono solo per paura... le persone sono stanche, e quando il popolo si stanca fa un casino.» E se questo succede a Rosarno, uno dei paesi a più alta densità mafiosa, si vede che qualcosa sta cambiando veramente.

Com'è la situazione in Calabria? C'è il timore di nuove guerre in seno alla 'ndrangheta?

A Reggio i clan più forti sono quelli che fanno capo a Giuseppe De Stefano, Pasquale Condello e Pasquale Libri. Dopo decenni di dissidi, hanno dato vita a una confederazione associativa per dividersi i proventi del racket delle estorsioni e per meglio gestire il settore degli appalti. Ma l'equilibrio è molto precario. I fratelli Carmine e Giuseppe De Stefano hanno rotto con lo zio, Orazio De Stefano, legato da rapporti di parentela con i Tegano. Un'altra storica frattura si è registrata in provincia, con i Piromalli che hanno preso le distanze dai Molè. Il patriarca dei Molè, Girolamo, aveva sposato la sorella di Mommo, boss storico di Gioia Tauro. Dopo la rottura con i Molè, i Piromalli si sono alleati con gli Alvaro di Sinopoli, un'altra potente famiglia della Piana. Gli Alvaro, sostenendo di dover controllare il rispetto degli accordi, dopo la pax mafiosa degli anni Novanta, si sono insediati stabilmente a Reggio Calabria, mentre a Palmi i Gallico e i Parrello continuano a dividersi le attività illecite.

A Locri è stata ricomposta la faida tra i Cataldo e i Cordì, e sulla costa ionica, nella zona di Guardavalle, è riesplosa la faida dei boschi tra il Soveratese, le Serre vibonesi e l'Alto Ionio reggino. Negli ultimi dodici mesi ci sono stati sedici omicidi. Una nuova guerra di mafia si teme anche nel Lametino. Nuovi affari e vecchi rancori alimentano una tensione che può sfociare in una guerra. In Calabria la vendetta delle faide non cade mai in prescrizione, come ci ricorda la scritta sulla lapide di un cimitero calabrese: «Persone senza anima e senza cuore tolsero la vita ai nostri cari. Come potremo credere morti coloro che sono stati vivi nei nostri cuori? Ma il Signore punirà queste anime dannate, fino alla settima generazione. I suoi cari a ricordo». La logica è quella del sangue che chiama sangue. Quando non sparano, le famiglie coinvolte nelle faide sono vulcani sopiti, ma non spenti.

Nel 2010 nel Cilento è stato ucciso Angelo Vassallo, un sindaco che si batteva per la tutela del suo territorio. Quanto è pericoloso amministrare oggi?

Per chi lo ha conosciuto, Angelo Vassallo era una persona perbene che metteva se stesso davanti all'illegalità. Lo avevano soprannominato «il sindaco pescatore». Molti lo ricordano anche per le sue singolari ordinanze. Nel gennaio 2010 ne firmò una che prevedeva multe fino a 1000 euro per chi fosse stato sorpreso a gettare a terra cenere e mozziconi di sigarette. Un modo per proteggere il paesaggio di uno dei comuni più belli del Cilento, bagnato da un mare che negli ultimi tempi era stato più volte premiato con la «bandiera blu». Angelo Vassallo faceva cose normali che ogni sindaco dovrebbe poter fare senza mettere a rischio la propria vita. Ma la normalità in molti casi è rivoluzionaria.

Purtroppo la tutela del territorio è un problema che non si lascia guardare con la lente dell'ottimismo. C'è un grande bisogno di attenzione e rispetto per la terra in cui viviamo. Dovremmo essere tutti sentinelle del nostro luogo di vita, e non lasciare il peso solo alle responsabilità dei sindaci, delle forze dell'ordine, della magistratura. Giorno dopo giorno, crescono gli appetiti di tanti imprenditori, e si continua a saccheggiare il territorio. Gli abusi edilizi sono sotto gli occhi di tutti. Secondo Legambiente in Italia vengono costruite sedici case abusive al giorno. Le sanzioni previste in questo caso dalla normativa vigente non solo ci allontanano dall'Europa, ma non ci consentono di fronteggiare il problema. Molte case costruite in zone a rischio sono state condonate. Questo provvedimento cancella la violazione della norma, ma non rimuove i rischi idrogeologici del territorio. Si ripete quello che, purtroppo, è un tragico vezzo italiano: si violentano per anni la natura e il territorio, e solo quando accadono le tragedie ci si accorge degli errori e si chiede l'intervento dello Stato. Gli ultimi gravi avvenimenti meteorologici, senza distinzione fra Nord e Sud, hanno causato alluvioni, frane e straripamenti con danni a cose e persone. Corrette politiche di prevenzione avrebbero certamente potuto limitarne i danni. Ma, come in tanti altri settori, anche nella cura del territorio scontiamo ritardi enormi.

È più remunerativo ricostruire che prevenire?

Basterebbe ricordare le risatine catturate dalle intercettazioni subito dopo il terremoto dell'Aquila. Mentre sotto le macerie si moriva, c'era chi si fregava le mani, pensando a come sfruttare la tragedia abruzzese. Un commercialista, prestanome di un clan reggino, intercettato, diceva: «Stiamo collaborando con questo ragazzo che ... tre generazioni di costruttori ... hanno costruito mezza L'Aquila, voglio dire che noi all'Aquila possiamo fare un buon lavoro».

Sono ampie e largamente distribuite le responsabilità degli amministratori che, per decenni, hanno ignorato che il 40% della popolazione italiana vive in zone a elevato rischio sismico. Dal 1944 al 2008 sono stati stanziati 213 miliardi di euro per rimediare ai danni di frane, smottamenti e terremoti.

Anche la 'ndrangheta si è arricchita grazie alle calamità naturali. Dopo il terremoto del 1908, a Reggio Calabria, le 'ndrine hanno sfruttato le tante opportunità della ricostruzione, come ha raccontato lo scrittore calabrese Natalino Lanucara nel suo romanzo *Città delle Corti*. Le mafie sono come gli avvoltoi, traggono vantaggi dalle sciagure e dalle recessioni. Ma i corrotti non sono da meno.

Sono aspetti che purtroppo si registrano anche nei cantieri dell'alta velocità e dell'autostrada Salerno - Reggio Calabria. Cosa si può fare per proteggere le grandi opere dagli appetiti della criminalità?

È un argomento grande e profondo come il mare. Servirebbero tante pagine, e forse un intero libro non basterebbe. Le grandi opere hanno sempre attratto le mafie. In Calabria lo abbiamo visto con la costruzione della Liquichimica di Saline, con il porto di Gioia Tauro, ma soprattutto con la Salerno - Reggio Calabria, non a torto definita «il corpo di reato più lungo d'Italia». I locali di 'ndrangheta hanno avviato tante imprese, si sono divisi i subappalti, si sono arricchiti. Per i lavori di sbancamento necessari alla costruzione del porto, i subappalti sono stati assegnati in relazione ai rapporti di forza mafiosa sul territorio. Su un valore totale di 2.526.291.632 lire, il 55% è andato ai Piromalli, il 18% ai Mammoliti-Rugolo, il 9% ai Crea, il 7% ai Pesce, il 5% agli Avignone, il 3% ai Mazzaferro, l'1% ai Sigilli, lo 0,9% ai Franconeri e un altro 0,9% ai Bruzzì. Ne *La mafia imprenditrice* Pino Arlacchi scrive: «I mafiosi imprenditori sono riusciti ad avere la meglio nella competizione per i subappalti, assicurandosi la gestione diretta del 70% di questi e il controllo indiretto del resto, tramite una tangente dell'8% sull'importo di ciascun subappalto eseguito dalle imprese non mafiose». Comunque, una cosa è certa, lo ripeto per essere più chiaro. Se l'unico criterio di aggiudicazione resta, sempre e solo, il minor costo nel minor tempo possibile di realizzazione, a vincere saranno sempre le imprese colluse.

Perché la Salerno - Reggio Calabria si presenta, ancora oggi, come un'opera incompiuta?

È un discorso lungo. Mi è capitato di leggere un articolo sui lavori di quel tratto autostradale, pubblicato dalla «Stampa» il 23 aprile 1970. L'ingegner Ennio Matera, caposezione dell'Anas a Cosenza, parlava delle difficoltà incontrate nella fase di completamento dell'ultimo tratto dell'autostrada, Bagnara - Santa Trada, a causa delle cosche calabresi. Spiegava: «Questa mafia non usa la lupara, ma ricorre al tritolo». Le ditte appaltatrici dei sei lotti in cui era diviso il tratto in questione erano società importanti, come Società italiana per condotte d'acqua (la stessa società che aveva realizzato il traforo del Monte Bianco), Movitel, Giovannetti, Tordivalle, Loy Donà e Brancaccio. «È assai probabile, o quanto meno presumibile» scriveva l'inviato del quotidiano torinese, Remo Griglié, riferendosi alle ditte appaltatrici, «che, di fronte a una pressione mafiosa alla siciliana, avrebbero finito, proprio in un'accorta valutazione economica del pro e del contro, per trovare un accomodamento.» Non si sbagliava. Le ditte del Nord sono andate a cercare i boss della 'ndrangheta per mettere in sicurezza i cantieri. È scritto nero su bianco in un rapporto del questore di Reggio Calabria Emilio Santillo, per il quale ci furono vere e proprie trattative che portarono alla stipulazione di un patto. Le ditte appaltatrici hanno pagato il pizzo, assunto guardiani imposti dai boss e appaltato, a imprese controllate dalle 'ndrine, le attività di movimento terra. Lo ha riconosciuto nel novembre 1969 Angelo Salizzoni, allora sottosegretario di Stato, per il quale le imprese industriali, quasi tutte dell'Italia del Nord, con il loro comportamento hanno favorito il prosperare della 'ndrangheta. Valutazione confermata da Salvatore Trovato, giudice del tribunale di Catanzaro, che all'Antimafia ha dichiarato: «I mafiosi si sono arricchiti con i soldi dello Stato».

Quarant'anni dopo, nulla è cambiato. Come hanno documentato importanti inchieste coordinate dalla magistratura calabrese, i clan del Reggino imponevano alle imprese appaltatrici una tangente del 3% e l'acquisto di calcestruzzo dalle loro società. Le aree interessate dai lavori di ammodernamento erano quelle del quinto macrolotto dell'autostrada A3 Salerno - Reggio Calabria, in particolare il segmento «nodale» compreso tra gli svincoli di Gioia Tauro e Scilla, nel Reggino. Ma dietro ogni curva c'è una cosca, camorra e 'ndrangheta si sono impadronite di tutto ciò che sta intorno a una delle infrastrutture strategiche che avrebbe dovuto cambiare il paese. Le betoniere e gli escavatori di questo o di quell'altro clan segnano il territorio. Nelle inchieste della magistratura la cartina geografica è diventata un organigramma mafioso. È stato un piemontese che riciclava i soldi delle 'ndrine in Toscana a raccontare come i boss si erano impossessati della A3. Durante un summit in una villa di campagna a Torremezzo di Falconara, in provincia di Cosenza, vennero decisi appalti e subappalti, e da quel momento ogni movimento terra e ogni fornitura di calcestruzzo sono stati assicurati dalla 'ndrangheta. Da allora le mafie hanno continuato ad arricchirsi con gli appalti, sfruttando anche i fondi della legge 488 dell'Unione Europea.

Lei sostiene che in tempo di crisi aumentano le infiltrazioni.

Purtroppo sì. In momenti di difficoltà economica, gli imprenditori mafiosi sono gli unici che dispongono di liquidità, e la usano per aggredire anche le povertà, in mancanza delle ricchezze. L'attività criminale non subisce la crisi, anzi, aumenta la possibilità di riciclare denaro sporco. Come sta succedendo in Veneto, dove la crisi rischia di spalancare le porte del settore degli appalti a mafia, 'ndrangheta, camorra e sacra corona unita. In due anni sono fallite 2500 attività del settore edile che hanno lasciato senza lavoro cinquantamila operai. Il rischio, come ha denunciato il presidente dei costruttori, Stefano Pelliciari, è di vedere tanti Totò Riina a spasso per il Veneto.

C'è, insomma, il rischio concreto che si ripeta oggi in Italia ciò che è accaduto in Nordamerica, dove i mafiosi si sono riciclati come imprenditori, inquinando l'economia legale. Ma quando si arriva a questo punto, tutto diventa più difficile. L'unico rimedio potrebbe essere lo sradicamento della malapianta, ma per evitare di cavare dal terreno anche la parte buona, si rinuncia, preferendo credere che la presenza dei boss nell'economia sia simile a quella di tante altre. Un concetto espresso anche dal procuratore di Modena Vito Zincani che, dopo aver lanciato l'allarme sui soldi sporchi nell'economia, intervistato dal «Corriere della Sera», ha dichiarato: «Se per magia avessi il potere di sradicare il crimine dalla città, mi caccereste perché l'avrei rovinata».

Le mafie sono sempre più ricche. Buona parte di questa ricchezza è frutto di traffici imponenti. Che bisogno c'è di drenare anche le poche risorse del territorio? Che senso ha gestire ancora attività come l'estorsione?

Per le mafie l'estorsione è tutto. Più del traffico di droga, più degli appalti, più dei soldi. È attraverso il pizzo che le mafie manifestano la loro esistenza, il loro potere. Per un mafioso il pizzo è necessario quanto l'aria per respirare. È il riconoscimento di un'autorità diversa rispetto allo Stato. A Pasqua e a Natale, addirittura, le estorsioni vengono spacciate per «donazioni volontarie» da destinare ai mafiosi in galera e ai boss latitanti.

Per fortuna sempre più imprenditori trovano la forza di ribellarsi. Un processo di consapevolezza che in Sicilia è, da tempo, sostenuto da una società civile sempre più attenta e matura. Una presa di coscienza che richiama forme di resistenza civile, come quella di Addiopizzo e Addiopizzo Junior. Purtroppo non è così dappertutto. In Calabria, in Campania, ma anche in Lombardia, con qualche eccezione, continua invece a prevalere la regola di sempre: pagare e stare zitti.

È così anche per l'usura?

Per l'usura la situazione è ancora più grave. Nel caso del pizzo o della tangente, il mafioso deve intimidire, minacciare l'imprenditore per costringerlo a pagare. Con l'usura, invece, è l'imprenditore che si rivolge al mafioso o al suo prestanome. E questa lucrosa attività diventa funzionale al riciclaggio del denaro sporco. Il denaro impiegato per soddisfare le richieste degli imprenditori che hanno problemi di liquidità è quello della droga, delle estorsioni, quello che non può essere depositato in banca, per via delle limitazioni imposte dalla legge. Secondo recenti rilevazioni, in Italia ci sarebbero almeno 180.000 commercianti caduti nel giro dell'usura, costretti a pagare interessi che arrivano fino al 120% all'anno, 10% al mese. Sono 15 miliardi di euro che ogni anno finiscono in tasca agli usurai. Ma pochi denunciano; anche se condannati, gli usurai spesso se la cavano con qualche anno di carcere e poi riprendono la loro antica e criminale attività.

Spesso però sono le banche a spingere gli imprenditori nelle mani degli usurai.

Certe banche sembrano avere una mano più lunga dell'altra. Più leste a prendere che a dare, spesso davanti a imprenditori in difficoltà si chiudono a riccio. La cronaca ci informa, non di rado, di dirigenti di banca arrestati perché avevano segnalato agli usurai i clienti in crisi.

Da alcune indagini è emerso che una delle più frequenti forme d'investimento dei gruppi mafiosi è quella di erogare prestiti a tassi d'usura.

In una economia depressa come quella calabrese, l'erogazione del credito da parte delle banche avviene a condizioni più sfavorevoli rispetto a quelle praticate in altre aree italiane più ricche. Un modo che le banche utilizzano per affrontare il maggior rischio legato alla povertà del territorio. Ma è una strategia che finisce per danneggiare tutto e tutti. La difficoltà di accesso al credito accentua i problemi di chi vive in Calabria e scoraggia chi, in questa regione, progetta di investire. Comportamenti e fenomeni che attivano un processo negativo da tutti i punti di vista, dunque, e che meriterebbero una giusta attenzione e un maggiore controllo sulle condizioni di erogazione del credito in Calabria, per evitare che la parte sana della società, e in particolare quella disponibile ad affrontare i rischi d'impresa, subisca il peso dell'insolvenza di operatori economici non meritevoli di fiducia.

Anomalie riguardanti l'erogazione del credito in Calabria da parte delle banche stanno emergendo da processi in corso. Il problema potrebbe essere affrontato e risolto con una trattativa fra le associazioni del mondo economico e le rappresentanze delle categorie interessate, in un incontro condotto a livello centrale e con l'autorevolezza dello Stato. Un'adeguata soluzione a questo problema toglierebbe certamente spazi economici e sociali alla criminalità organizzata e ridurrebbe significativamente il fenomeno dell'usura in Calabria.

Negli ultimi tempi si è parlato spesso di rifiuti e di navi a perdere.

È un business in continua crescita, con un fatturato di 20,5 miliardi di euro, di poco inferiore a quello della Fiat. Per contrastare questi reati sarebbe necessario inasprire le pene per i delitti contro l'ambiente e consentire un uso maggiore delle intercettazioni telefoniche e ambientali nelle indagini. L'idea guida deve essere quella di una normativa che punisca severamente chi inquina, dimostrando indulgenza con chi invece è disposto a rifondere il danno. Se si continua così, ci sarà sempre chi sporca mari e fiumi, chi tortura gli animali, chi getta rifiuti tossici nei campi e interra il resto in luoghi abusivi, chi costruisce dove non è permesso e chi usa cemento depotenziato, senza preoccuparsi di ciò che potrà accadere alle case e alle persone che dentro ci vivono.

Con i rifiuti, assistiamo a un paradosso. Nelle regioni meridionali, tra le più povere del paese, si registrano grandi quantità di scarti industriali. Perfino in Calabria, dove non c'è ombra di sviluppo industriale. E allora? È passato molto tempo, ma finalmente si sono comprese le ragioni. Non ci sono le fabbriche, ma ci sono i rifiuti industriali, quelli del Nord, che da anni vengono sversati al Sud, in particolare in Campania e Lazio.

Sulle navi a perdere, invece, bisogna fare una riflessione più attenta. Si è sempre parlato di carrette piene di rifiuti tossici, fatte affondare nei nostri mari o finite sulle nostre spiagge. Secondo un collaboratore di giustizia, queste carrette del mare sono state un business gestito dalle 'ndrine, anche se, in sede di riscontri, non siamo riusciti a trovare nulla che potesse confermare questo dato. Nonostante ciò, sono però propenso a credere che dietro a queste navi ci siano stati interessi enormi.

Che tipo di interessi?

Finora chi ha cercato di far luce su questo grosso giro di affari e di interessi inconfessabili ha incontrato mille ostacoli, figuri e figuranti di ogni risma. Lo ha ammesso anche l'allora presidente Carlo Azeglio Ciampi, mentre nel 2004 consegnava la medaglia d'oro alla memoria del capitano di fregata Natale De Grazia, che aveva indagato sulle navi a perdere ed era morto a 38 anni in circostanze poco chiare. Ciampi ne mise in risalto il lavoro portato avanti in un clima non incoraggiante, ma condizionato da «pressioni e atteggiamenti ostili».

Legambiente segnala anche un altro preoccupante problema: quello delle escavazioni abusive di sabbia dal letto dei fiumi, in particolare del Po. C'entra anche la 'ndrangheta?

In Calabria, le fiumare rappresentano i confini dei vari territori di 'ndrangheta. Non c'è clan che non gestisca direttamente o indirettamente un silos. Sul Po, in particolare, tutti gli esperti ritengono le escavazioni abusive una delle principali cause dell'abbassamento del suo alveo e dei danni ai ponti, delle difficoltà di navigazione, di pescaggio e di acqua per l'irrigazione. Tutti sanno, ma nessuno ferma i cosiddetti «ladri di sabbia».

Spesso si parla delle mafie italiane come quelle più ricche e più potenti del mondo. È una esagerazione?

Secondo il Global Agenda Council on Illicit Trade, mafia, 'ndrangheta e camorra sono le mafie più potenti, seguite dalle triadi cinesi, dalla yakuza giapponese, dai vory v zakone russi e dai cartelli sudamericani. Hanno il monopolio delle importazioni di stupefacenti in Italia, sono leader assolute nella distribuzione di prodotti contraffatti in Europa e nell'area del Mediterraneo e riescono a riciclare denaro in attività lecite, nel settore immobiliare e commerciale, in Italia e all'estero.

C'è un collegamento tra le varie mafie?

Le mafie non sono isole. Per esempio, in Italia casertani e reggini lavorano a stretto contatto di gomito perché sono le mafie degli investimenti e delle regole. In Emilia Romagna, in Abruzzo, stanno lavorando assieme nel settore dell'edilizia e in quello immobiliare. Le loro strutture seguono la globalizzazione con ritmi più veloci di quanto non riesca a fare lo Stato nell'adeguare i propri strumenti di lotta. Sono emerse sinergie tra cosa nostra e 'ndrangheta anche per il ponte sullo Stretto.

A proposito del ponte sullo Stretto, qualcuno, giocando con le parole, dice che servirà a unire «due cosche» e non due coste.

È un gioco di parole che traduce bene l'idea. Se si costruisse il ponte, per quanto riguarda il movimento terra, il trasporto di inerti e la fornitura di calcestruzzo, le uniché beneficiarie sarebbero la 'ndrangheta e cosa nostra. Le avvisaglie finora sono state chiare.

«Quando esce di galera don Mico ci dividiamo i soldi da Roma» ripetevano i Libri e i Condello nelle intercettazioni, riferendosi a Domenico Alvaro, boss di Sinopoli, che avrebbe dovuto dirimere le controversie su come spartire i soldi del ponte.

Nel 2005 anche i Rizzuto [un clan canadese legato a cosa nostra] avevano intuito che per investire i soldi della mafia nordamericana sul progetto del ponte bisognava tenersi buone sia la 'ndrangheta che la mafia. Un ingegnere, loro prestanome, aveva capito ciò che Rocco Morabito, di Africo, spiega chiaramente al boss capocrimine, Domenico Oppedisano, arrestato nell'operazione «Crimine» del luglio 2010: «Sempre da qua devono passare... se vogliono decidere una cosa su Calabria e Sicilia solo a noi devono chiedere... che non lo sanno che il porto di Gioia Tauro lo abbiamo fatto noi? Non sanno che l'autostrada Salerno - Reggio Calabria è nostra?».

Sulla fattibilità del ponte ho molti dubbi. Non solo perché manca la copertura economica, ma anche perché, come tanti altri, non riesco a vederne l'imminente utilità. Altre sono le priorità per queste terre. In Sicilia ci sono città dove manca l'acqua. In Calabria c'è una viabilità disastrosa. Non penso che il ponte debba essere considerato una priorità. Riuscendo a reperire le risorse, sarebbe certo più vantaggioso puntare sulla cosiddetta «autostrada del mare». Anche perché ormai la maggior parte delle merci viaggia per mare e non più per autostrada.

Domenico Marino, docente di Politica economica all'università di Reggio Calabria e autore del pamphlet L'insostenibile leggerezza del ponte, *con efficace strategia narrativa introduce nell'eterna diatriba ponte sì - ponte no il personaggio di zio Paperone che vuole la costruzione del ponte, ma che se lo vede portar via con una moltitudine di palloncini.*

Immaginare il ponte che vola via, magari sotto gli occhi increduli dei suoi amministratori, più che satira è un colpo di genio. E la dice lunga sull'insostenibile leggerezza di questo progetto, di cui si parlava già ai tempi di Plinio il Vecchio, che narra della costruzione, voluta dal console Metello, di un ponte fatto di barche e botti per trasbordare dalla Sicilia centoquaranta elefanti catturati ai cartaginesi. Molti secoli dopo, come riferisce la «Gazzetta Piemontese» del 27 giugno 1870, l'idea di Metello di «passare lo Stretto a piedi asciutti» viene rilanciata da Carlo Navone, un giovane ingegnere di Busalla, in provincia di Genova, il quale, «emulando gli autori del tunnel sotto il Tamigi», concepisce «l'ardito progetto di collegare l'isola al continente per mezzo di un passaggio sottomarino», lungo otto chilometri e mezzo, a 155 metri sotto il livello del mare. L'ingegner Navone aveva calcolato che la spesa totale sarebbe stata di 37.620.000 lire e che l'opera si sarebbe potuta completare in quattro anni. Ne sono passati centoquarantuno. E ancora il ponte è di là da venire.

Che cosa si può fare sul piano normativo e organizzativo per evitare infiltrazioni in opere come queste?

Quando l'ente appaltante ritiene che ci siano criteri di utilità pubblica e di beneficio per la collettività, è bene che l'opera pubblica venga realizzata. Purtroppo, come testimoniano decine di indagini, le mafie riescono sempre più a infiltrarsi nel giro degli appalti e dei subappalti, pretendendo non solo mediamente la tangente del 4% sul valore dell'appalto, ma anche fornendo materiali inerti, calcestruzzo e manodopera. Quest'ultima, in particolare, si rivela importante per la 'ndrangheta, che, presentandosi come soggetto che offre lavoro, in una terra storicamente affamata di occupazione, si procura quel consenso sociale che produce gratitudine e che si trasforma in controllo elettorale.

È ormai una situazione di grave emergenza che pretende risposte eccezionali, come per esempio quella di demandare al genio militare, nelle aree ad alta densità mafiosa, la realizzazione delle grandi e medie opere pubbliche. In questo modo si potrebbe realmente ostacolare l'infiltrazione mafiosa, impedendole di utilizzare forniture e mezzi per l'esecuzione dei lavori. Una strategia che consentirebbe di realizzare più opere pubbliche, in tempi ragionevoli e a costi congrui.

V
Il potere

«Qua siamo venti locali, siamo cinquecento uomini [...] non siamo uno» dice Saverio «Saro» Minasi mentre attraversa in auto il detrito senza fine della periferia milanese. È il 13 giugno 2008, Minasi, boss di Bresso, parla con Vincenzo «Cecè» Raccosta, un altro 'ndranghetista arrestato durante l'operazione «Crimine». Parla e fornisce elementi concreti sulla consistenza della 'ndrangheta in Lombardia. I carabinieri del Gruppo di Monza, chiusi nella sala d'ascolto con le cuffie in testa, registrano tutto. È uno straordinario lavoro di intelligence, decine di microspie piazzate dappertutto, anche tra le spine di un carciofo in un orto della Brianza.

Nella pianura padana, la 'ndrangheta cerca appalti e offre voti. Spiega Cesare Giuzzi, giornalista del «Corriere della Sera» che da anni si occupa di 'ndrine padane: «Non [è] una 'ndrangheta di conquista, ma una mafia stanziale, strutturata, incredibilmente ancorata al terreno politico, produttivo e sociale di buona parte dell'hinterland di Milano». Da almeno vent'anni la magistratura milanese passa al setaccio i territori aggrediti dalle 'ndrine: Milano, Cormano, Bollate, Bresso, Corsico, Legnano, Limbiate, Solaro, Pioltello, Rho, Pavia, Canzo, Mariano Comense, Erba, Desio, Seregno, Buccinasco, un lungo elenco che, come scrive Giuseppe Gennari, giudice per le indagini preliminari del tribunale di Milano, rivela «un'osmosi tra attività istituzionali e interessi particolari che rappresentano la via d'ingresso della criminalità organizzata nel mondo economico e politico».

È proprio in questa «osmosi» che bisogna gettare lo scandaglio per comprendere la pervasività della 'ndrangheta, tra sentieri di ragnatele infide, impastate di business e sangue, condizionamenti e infiltrazioni nella pubblica amministrazione. Questa «costante e progressiva evoluzione» della 'ndrangheta trova conferma anche nell'ultima relazione della Direzione investigativa antimafia, che ne sottolinea le interazioni con «gli ambienti imprenditoriali lombardi». Le ragioni sono chiare. I politici hanno bisogno di voti e le 'ndrine votano e fanno votare, perché, come spiega Vincenzo Mandalari, boss del locale di Bollate, intercettato dai carabinieri, «non è importante destra o sinistra a livello locale». Ne sa qualcosa Carlo Chiriaco, ex direttore dell'Asl di Pavia e grande elettore di un parlamentare pavese del Pdl. Si vanta di essere 'ndranghetista e, parlando di voti, precisa: «Sono tutti sicuri e... ci devono ascoltare». Dopo l'arresto, cerca di minimizzare il suo ruolo. «Sono morbosamente affascinato dalla voglia di far credere di essere malavitoso» si giustifica. «Dico certe cose per vedere che effetto fa sugli altri.»

Nel giro della 'ndrangheta entra di tutto, sindaci del Pd, consiglieri regionali del Pdl, un ex assessore provinciale leghista. Scrive il pool di magistrati che tra Reggio Calabria e Milano chiede l'arresto di centinaia di 'ndranghetisti: «Le relazioni con i politici, non necessariamente indagati, benché avvicinati e coinvolti in un rapporto sistemico di cointeressenze, rappresentano il capitale sociale dell'organizzazione criminale». Potere prima che profitto.

I rapporti sul territorio sono sempre più vischiosi, si intrecciano come i fili di un ricamo. Anche in economia le 'ndrine agiscono in combutta con il peggio del Nord. Lo stesso Chiriaco, riferendosi al candidato per il quale raccoglie voti, auspica: «deve fare l'assessore alle infrastrutture». E ne spiega i motivi: «Nei prossimi cinque anni c'è l'Expo 2015. Sai cosa c'è da fare nei prossimi cinque anni proprio a livello di infrastrutture in Lombardia. Ma hai voglia...». C'è, però, anche chi si accontenta di molto meno. In una conversazione con un ex assessore del comune di Bollate, intercettata dai carabinieri, Vincenzo Mandalari ammette: «Perché se tu sogni che tutto l'Expo di Rho pensi di farlo tu! Perché non stiamo pensando a questo! Noi stiamo pensando ad andare a mettere i chiusini», cioè le lastre di metallo che chiudono i pozzetti. E per rendere meglio l'idea, aggiunge: «Il ponte fra Reggio Calabria e Messina ... io non miro al ponte, magari se mi danno la pulizia del ponte mi interessa». Le ruspe delle 'ndrine spazzano qualunque tipo di concorrenza. Il movimento terra da tempo è cosa loro. Quando qualcuno fa finta di non capire, si passa alle maniere forti, perché qui, ancora più che in Calabria, è questione di affari. Per la Direzione investigativa antimafia, a Milano oltre cinquemila commercianti pagherebbero il pizzo e un negozio su cinque sarebbe controllato dalle cosche che comandano su interi quartieri.

Arretra anche la società civile. Centinaia di piccoli imprenditori e artigiani sono da tempo sotto il giogo dell'usura. Nessuno parla, nessuno denuncia. Uno di loro, costretto a cedere mensilmente ai boss il 20% dei suoi guadagni, non trova la forza di parlare neanche dopo l'arresto degli usurai, legati alla 'ndrangheta. Anzi, mette in guardia un altro imprenditore che, caduto nello stesso giro, comincia a collaborare con la giustizia. «Sei pazzo a dire queste cose» lo ammonisce. «Questi sono capaci di rifarsi anche nei confronti di tuo figlio.» Non siamo a Reggio Calabria, ma nella cintura della metropoli lombarda. E la palma, che con la sua linea segnava per Leonardo Sciascia l'irresistibile ascesa della mafia, è arrivata fin qui, a spandere un'ombra sinistra sulla terra dei *danè*.

Nella sua ultima relazione, riferita al primo semestre del 2010, la Direzione investigativa antimafia mette in guardia il governo sui rischi per l'Expo 2015. Per la Dia occorre un «razionale programma di prevenzione». Può bastare?

L'esposizione internazionale che si svolgerà a Milano fra quattro anni rappresenta per i boss un'opportunità di guadagno, ma soprattutto la possibilità di mostrare la propria forza. Non essere presenti in una grande attività imprenditoriale per la 'ndrangheta è un segnale di debolezza. Qualche anno fa, Salvatore Strangio, un boss intercettato nel Milanese, annunciava: «Lo volete sapere? Il primo lavoro dell'Expo al novantanove per cento lo prende la Perego». Si tratta della Perego General Contractor, una grossa azienda lecchese che, dopo una grave crisi, è finita sotto il controllo del clan Pelle-Strangio. Era sponsorizzata da un ex assessore provinciale ed era entrata nei cantieri della nuova sede del tribunale di Milano, dell'ex area del Portello-Fiera, di CityLife, dell'ospedale Sant'Anna di Como e della statale Paullese.

I settori più esposti sono il cosiddetto «ciclo degli inerti», la cantieristica e la logistica collegata, la manodopera e le bonifiche ambientali. Ma c'è di più, come spiega anche la Dia: il «condizionamento ambientale» delle cosche su una parte dell'economia lombarda va inteso come «partecipazione ormai pacificamente accettata di società riconducibili ai cartelli calabresi a determinati segmenti, in espansione, del settore edile, sia pubblico che privato». In sostanza, la mafia a Milano non solo esiste, ma i soldi dell'Expo ne incentiveranno la presenza.

L'Expo 2015 è ancora a rischio di infiltrazioni?

Certamente. Non mi sento proprio di sostenere che il pericolo sia passato. Non è il caso di abbassare la guardia.

Sarà il prefetto di Milano, Lombardi, a monitorare sull'Expo...

L'ho saputo.

È lo stesso prefetto che ha messo in dubbio l'esistenza delle mafie in Lombardia...

Si tratta di scelte politiche, e io non faccio politica.

Ricorderà la polemica tra Roberto Saviano e il ministro dell'Interno, Roberto Maroni. Saviano ha puntato il dito contro la Lega che interloquisce con la 'ndrangheta. Nel suo monologo ha citato anche l'ideologo della Lega, Gianfranco Miglio, secondo il quale le mafie sarebbero da costituzionalizzare. Che cosa ne pensa di questa polemica?

L'intervento di Roberto Saviano è il frutto di un serio e attento lavoro di documentazione, e nasce da una lunga e paziente ricerca sulle infiltrazioni della 'ndrangheta nella grande e ricca Lombardia.

La 'ndrangheta, come tutte le mafie, va dove ci sono denaro e potere. Attorno a Milano sono presenti organizzazioni simili a quelle di Platì che, allo stesso modo, controllano il territorio e si dedicano a un'ampia attività criminale: estorsione, usura, appalti, traffico di cocaina e riciclaggio. Saviano ha fatto correttamente riferimento ai contenuti di alcune indagini coordinate dalle Direzioni distrettuali antimafia di Reggio Calabria e Milano. Assieme a Fabio Fazio, ha avuto il merito di portare in prima serata argomenti spesso relegati nella cronaca dei giornali di provincia. Non mi pare che la classe dirigente lombarda, e quindi anche la Lega, abbia ostacolato l'infiltrazione della 'ndrangheta in settori vitali come la sanità, l'edilizia, la grande distribuzione. Al ministro dell'Interno vanno riconosciuti indiscutibili meriti nella lotta alle mafie. Meglio sarebbe stato se, dopo l'operazione «Crimine», avesse incaricato una commissione d'accesso per verificare eventuali condizionamenti mafiosi nelle amministrazioni comunali dell'hinterland milanese. Anziché alimentare una discussione su eventuali radicamenti o meno della 'ndrangheta, più utile sarebbe preoccuparsi per le 6098 operazioni finanziarie sospette a Milano e provincia segnalate dall'Ufficio italiano cambi.

In Lombardia bisogna fare molto di più. È necessario aggredire il cuore dell'economia criminale che in questa regione sviluppa affari talmente rilevanti da influenzarne la vita economica, sociale e politica. Già nel 1999 la magistratura milanese avvisava la Commissione parlamentare antimafia che nel capoluogo lombardo «il 90% delle inchieste riguarda clan di 'ndrangheta». Era chiaro che le 'ndrine della Locride stessero penetrando il cuore finanziario d'Italia. L'ortomercato era diventato una sorta di dépendance di una 'ndrina di Africo. Le famiglie di Platì avevano messo le mani sugli appalti per l'alta velocità e per il raddoppio della Venezia-Milano. Un'altra indagine ha mostrato l'esistenza di un'unica cabina di regia sugli appalti lombardi. Per il gip Caterina Interlandi, erano i clan calabresi a decidere quale impresa dovesse lavorare e quale no, chi dovesse gestire gli appalti della Tav e chi quelli della quarta corsia dell'A4. Uno scenario preoccupante. E, sullo sfondo, l'Expo 2015. Un evento che la 'ndrangheta cercherà di sfruttare per procurarsi ulteriori ricchezze. E sarà inevitabile, se la classe dirigente, invece di proteggere l'immagine del territorio, non si preoccuperà di difendere la legalità e il benessere concreto della propria comunità, quella dei cittadini onesti e laboriosi, pilastri di una società che non delinque, che non vuole cedere alle lusinghe della criminalità e che si vuole riappropriare di quanto, purtroppo, da anni è passato sotto il controllo delle mafie.

La Dia ha messo in rilievo il condizionamento ambientale come fattore di crescita per le 'ndrine.

In Lombardia ormai la 'ndrangheta si è ambientata talmente bene che non ha più bisogno di praticare l'intimidazione. Anzi, come ha sottolineato la Dia, si serve di «nuove e sfuggenti tecniche di infiltrazione, che hanno sostituito le capacità di intimidazione con due nuovi fattori condizionanti: il ricorso al massimo ribasso nelle gare d'appalto e la decisiva importanza contrattuale attribuita ai fattori temporali molto ristretti per la conclusione delle opere». Insomma, una volta consolidata la propria presenza, la 'ndrangheta ha imparato a utilizzare leggi e bandi a proprio vantaggio, arricchendosi sempre di più. In un'indagine contro una potente cosca di Rosarno, il gip Francesco Petrone ha scritto: «Lo sviluppo delle indagini ha consentito di accertare che gli interessi del clan Pesce in Lombardia non si sono limitati al traffico di sostanze stupefacenti, ma si sono diretti anche verso la cura di quell'aspetto che più di ogni altro caratterizza le organizzazioni criminali di tipo mafioso: il controllo del territorio».

Un suo collega, Mario Venditti, ha scritto che «la 'ndrangheta ha pericolosamente inquinato il tessuto sociale e l'economia in alcune aree del Nord dove la gente non è attrezzata psicologicamente a combattere le mafie, come chi è abituato suo malgrado a conviverci nelle zone di origine di queste organizzazioni».

Venditti ha anche scritto che al Nord «la società è ancora sana e che il fenomeno 'ndrangheta è presente, come dimostrano le indagini, nei territori di confine tra provincia e provincia, quelli meno controllati dalle forze di polizia. In queste aree si crea come una cappa di piombo che la gente percepisce distintamente». I fatti dimostrano che l'infiltrazione mafiosa ha incontrato un terreno fertile che ne ha consentito l'insediamento. Molti non hanno riconosciuto la pericolosità della 'ndrangheta, e il ritardo ha finito per favorirne il radicamento. Nell'ultima relazione annuale al Parlamento, Ferdinando Pomarici, procuratore distrettuale antimafia di Milano, ha denunciato «l'occupazione criminosa di interi settori economici caratterizzati da difficoltà finanziarie». E già negli anni Novanta le società della 'ndrangheta si erano impadronite di luoghi simbolo come la Torre Velasca e la Galleria Vittorio Emanuele. Nel marzo 2010 un'inchiesta ha, per la prima volta, dimostrato la partecipazione diretta di un cartello di cosche calabresi nelle grandi opere pubbliche come l'alta velocità ferroviaria e l'ampliamento dell'autostrada A4. In cella sono finiti i boss imprenditori di un clan del Catanzarese, che da Cologno Monzese, tra un affare e l'altro, spedivano bazooka in Calabria. Per aiutarle si sono mosse, secondo carabinieri e magistrati, imprese del Nord pronte ad affidare subappalti totalmente in nero.

Il rischio è che anche al Nord la 'ndrangheta ripeta ciò che ha già fatto in Calabria, dove anziché «avvicinare» i candidati alle elezioni, ha cominciato a comporre le liste con uomini che rispondevano direttamente ai clan

Quali sono i partiti più contaminati?

Purtroppo, è un male diffuso. Quando i mafiosi hanno bisogno di contattare qualcuno, trovano sempre il modo di farlo. Non ci sono legami di uno o di pochi, ma interessi comuni. Vale il vecchio detto di «una mano lava l'altra e tutte e due lavano il viso».

Oggi sono meno visibili di quando lavoravano alla cassa dei propri ristoranti. E forse per questo è più difficile percepirne la pericolosità. L'educazione alla legalità servirebbe anche ai politici, non solo ai giovani studenti.

Sempre più spesso si sente dire che ora sono i politici a cercare i mafiosi. Lei che cosa ne pensa?

Le inchieste ci confermano di un numero sempre maggiore di politici che ricorrono al voto dei mafiosi. Al Nord come al Sud.

A Pavia, l'ex direttore della Asl Carlo Chiriaco prometteva a un parlamentare del Pdl di fare la campagna elettorale «con la pistola in mano» per convincere tutti a votarlo. In Calabria, il boss Giuseppe Pelle incontrava candidati alle amministrative nella sua abitazione di Bovalino. Dal tenore delle conversazioni intercettate, sembra che Pelle avesse in mente la pianificazione di una nuova classe politica, eletta con i voti della 'ndrangheta e quindi controllata, attraverso una strategia che mirava a sostituirsi ai partiti nella scelta dei candidati. «Qua dalla jonica» diceva Pelle, riferendosi alla costa della Calabria sulla quale esercitava il controllo, «quando raccogliete tutti i voti che avete, vanno tre persone per volta; altre tre vanno dalla Piana [l'altra parte della provincia] e sono sei. E vanno già sei per il consiglio regionale.» E poco più avanti: «La prossima volta quei sei che dovevano andare... che escono dalle regionali, se si portavano bene andavano a Roma, e altri sei al posto di quelli. In questa maniera si può andare avanti, potevamo ottenere una cosa, uno ... C'era chi ci guardava le spalle...».

Ne *La convergenza* Nando Dalla Chiesa racconta vent'anni di relazioni tra mafia e politica. Molti dei provvedimenti varati dai governi che si sono succeduti dal 1996 a oggi riflettono le richieste contenute nel presunto «papello» di Totò Riina. La chiusura di Pianosa e Asinara (punto 7 del papello), la legge Carotti, che allargava il rito abbreviato anche alle stragi mafiose, una sorta di revisione del maxiprocesso (punto 1), la riforma dei pentiti (punto 4) e poi dell'articolo 513 del codice di procedura penale (nato per proteggere gli imputati di Tangentopoli) sull'utilizzo in giudizio delle dichiarazioni raccolte dal pubblico ministero durante le indagini preliminari, sono alcuni dei tanti casi di convergenza non intenzionale, ma consapevolmente accettata.

Il consiglio comunale di Buccinasco, un paesone alle porte di Milano, è noto come la Platì del Nord.

A Buccinasco ci sono stati sindaci minacciati e attentati di ogni genere. È una città in cui è difficile segnare il confine tra 'ndrine e mattone. C'è lavoro per tutti, ma le ruspe devono essere solo quelle della 'ndrangheta, e, più precisamente, quelle dei Barbaro e dei Papalia.

«Tutti questi capannoni li abbiamo fatti noi ... Tutto Buccinasco, il centro commerciale, li abbiamo fatti io, Domenico e Rocco ... Una città, abbiamo fatto» diceva Maurizio Luraghi, imprenditore di Rho, riferendosi a Domenico Barbaro e Rocco Papalia. Con la sua azienda di lavori stradali, Luraghi acquisiva commesse edilizie e le spartiva tra i membri del clan Barbaro-Papalia, il più potente in Lombardia.

La 'ndrangheta al Nord è tutt'altro che invisibile o quanto meno dedita soltanto al riciclaggio di denaro.

Da tempo opera con evidente violenza e mostra i suoi affari e i suoi rapporti con la politica. Sono sotto gli occhi di tutti anche i suoi patrimoni: più di settecento beni confiscati, che collocano la Lombardia al quarto posto nazionale, dopo Sicilia, Campania e Calabria.

Da alcune indagini è emersa anche la capacità della 'ndrangheta di trattare pratiche di finanziamento con importanti istituti bancari con sede a Milano. Viene da chiedersi a chi possa giovare parlare ancora di infiltrazioni, quando ormai le mafie in Lombardia hanno messo radici da tempo. Non certo a chi le vuole combattere.

Ciò che appare inquietante è che l'omertà avanza al Nord mentre diminuisce al Sud. È un'Italia sottosopra?

È un'Italia che cambia. Cosa nostra e 'ndrangheta ormai si sono spartite intere province anche al Nord. I gelesi controllano estorsioni e spaccio nella zona est di Busto Arsizio, tra il centro abitato e la statale varesina. Alla 'ndrangheta tocca la parte ovest fino a Malpensa. Dalle indagini dei carabinieri sembra che nella zona non vi sia un cantiere edile che non paghi il pizzo, così come numerosi esercizi commerciali. Nei paesi attorno all'aeroporto ci sono stati attentati incendiari, sparatorie, ferimenti e omicidi, e nonostante il crescendo di fatti criminali così gravi, l'assenza di denunce è stata pressoché totale. Solo in pochissime occasioni le vittime hanno fatto dichiarazioni utili alle indagini. «Abbiamo avuto la sfortuna di vincere l'appalto, meno male che non abbiamo avuto altri lavori a Buccinasco» ha dichiarato un imprenditore milanese al processo «Cerberus» contro le cosche Barbaro-Papalia. Il giudice Aurelio Barazzetta fa notare nella sentenza che non è normale che un imprenditore si consideri fortunato quando non riesce a ottenere lavoro. Ha scritto Cesare Giuzzi sul «Corriere della Sera», citando le dichiarazioni di Frediano Manzi, fondatore di Sos Racket e Usura: «Chi collabora non ha accesso ai fondi per le vittime. Tempi lunghissimi che strozzano le imprese». E chi denuncia? «Se ti bruciano una ruspa, significa che devi farli lavorare» racconta un padroncino. «In ogni area milanese c'è una cosca di riferimento, chi vince la gara d'appalto deve lasciare i subappalti. Niente più incendi, conviene a tutti. È il sistema. Qui come in Calabria.»

Spesso è la paura a cucire la bocca. Minacce di morte sono all'ordine del giorno nella zona del Varesotto, dove dettano legge gli uomini di Vincenzo Rispoli. Uno di loro, Nicodemo Filippelli, nel minacciare un imprenditore, non usa mezze parole: «Ascoltami Carlo, te lo dico veramente con il cuore, vieni a chiudere i conti e poi sparisci dalla mia vita». E ancora: «Vi faccio a fettine a te, a tuo padre, a tua madre e a tuo fratello. Sul serio Carlo, ti ammazzo come un cane». Non si tratta di un episodio isolato, Giuseppe Di Bella, il collaboratore di giustizia protagonista del libro *Metastasi* di Gianluigi Nuzzi e Claudio Antonelli, racconta che un ragioniere di Valmadrera che non vuole firmare alcune pratiche prova a resistere. Finisce legato per i piedi e calato con una corda giù da un ponte, la testa immersa nell'acqua del fiume sei o sette volte, fino a farlo quasi soffocare. E alla fine firma. Al Nord, insomma, l'omertà spesso si dimostra più forte che al Sud, dove si registra un risveglio di senso civico che via via coinvolge strati sempre più ampi della società. C'è chi sa e non denuncia, ma c'è anche chi non vuol sapere. Nel 1992 ci sono stati duemilacinquecento arresti in Lombardia. Con l'operazione «Crimine» sono finiti in carcere oltre trecento 'ndranghetisti. Ma fuori ce ne sono ancora migliaia, troppi.

A un Sud che negava l'esistenza delle mafie eravamo abituati. Ora anche al Nord dicono che sul proprio territorio non ci sono mafie.

Sbagliano. La paura non si esorcizza con la negazione. La lotta alla criminalità organizzata è anche una questione di segnali. Se qualcuno ne nega l'esistenza, finisce per rafforzarla. Si può comprendere il desiderio di difendere il quieto vivere, ma non la giustificazione del silenzio.

La lupara bianca è arrivata anche al Nord?

Le mafie hanno trasferito al Nord anche i loro metodi, come dimostra l'uccisione di Lea Garofalo, la donna che aveva cominciato a collaborare con la giustizia sugli omicidi di 'ndrangheta che a metà degli anni Novanta hanno determinato il controllo del mercato della cocaina nella zona di piazzale Baiamonti a Milano. Lea Garofalo è stata torturata, uccisa e sciolta nell'acido in un terreno a San Fruttuoso, vicino a Monza. «Quello che si è verificato in una tranquilla ed elegante zona centrale a Milano» ha scritto il giudice per le indagini preliminari del tribunale di Milano Giuseppe Gennari «è un caso di lupara bianca che ci riporta a situazioni e contesti sovente, ed erroneamente, creduti ben lontani dalla realtà cittadina.» Tra le sei persone ritenute responsabili del sequestro e dell'omicidio di Lea Garofalo c'era anche Carlo Cosco, suo ex convivente e padre della figlia. Ma al danno s'è unita la beffa. Nell'ordinanza di custodia degli arresti per l'omicidio Garofalo si fa riferimento, in due brevi passaggi, alla presenza di mezzi dei Cosco nei pressi del cantiere della metropolitana 5 di Milano. In particolare i carabinieri che stavano intercettando il gruppo, riferiscono di camion dei Cosco in viale Zara, in corrispondenza di una delle aperture del cantiere sotterraneo. Forse si tratta del solito noleggio di macchinari più o meno imposti, «noli a caldo», ma sicuramente la magistratura milanese approfondirà questa vicenda.

La Lombardia è l'unica regione in queste condizioni?

Anche in Piemonte la presenza della 'ndrangheta è fortemente radicata. Negli anni Ottanta, proprio in questa regione, alcune 'ndrine della Locride si sono rese responsabili dell'omicidio del procuratore della Repubblica, Bruno Caccia.

Ma la 'ndrangheta ha imparato a viaggiare e «a metter su casa» dappertutto. Le distanze non sono un problema, e nuove amicizie si aggiungono alle relazioni già consolidate. Non sono più solo i corregionali a facilitare il loro inserimento, ma persone normali, o meglio che sembrano normali, perché dietro il professionista o l'imprenditore incensurato spesso si nasconde «l'uomo cerniera» che salda il proprio interesse a quello dei mafiosi. Anche per questo fenomeno, caratterizzato da sottovalutazione e tollerante convivenza, sono ormai state penetrate società ed economie del Nord.

Pur essendo oggi coinvolta nel settore dell'edilizia, si fa fatica a credere che ci siano settori al riparo dalle infiltrazioni della 'ndrangheta. In Liguria si registrano presenze nella zona di Genova, nella Riviera di Levante e di Ponente. Negli ultimi mesi si è parlato molto delle infiltrazioni della 'ndrangheta a Bordighera, uno dei centri turistici più frequentati della Riviera di Ponente, dove si contano decine di incendi dolosi, estorsioni, casi di usura per strangolare e conquistare aziende colpite dalla crisi economica. Mentre la classe politica si affanna a sostenere che la mafia sul proprio territorio non esiste, Bordighera rischia di fare la fine di Bardonecchia, la località sciistica piemontese commissariata nel 1995. Nel comune ligure è al lavoro una commissione prefettizia per valutare la richiesta dei carabinieri, per i quali la 'ndrangheta a Bordighera «attua un incisivo controllo del territorio e dell'imprenditoria, condizionando gli apparati pubblici».

In Veneto le mafie investono in molti settori. Negli ultimi tempi, sono state segnalate numerose speculazioni edilizie e immobiliari lungo il lago di Garda. Dopo il Lazio, l'Abruzzo, il Molise, la Valle d'Aosta, il Trentino Alto Adige e le Marche, anche la Toscana è diventata «territorio di elezione di alcune qualificate propaggini» della 'ndrangheta.

In Emilia Romagna la mafia calabrese e la camorra sono operative nelle province di Bologna, Modena, Reggio Emilia, Parma e Piacenza. Una situazione che, in molti casi, vede la sua origine negli ormai lontani «soggiorni obbligati» dei mafiosi inviati nelle cittadine del Nord e che, nel tempo, si è diabolicamente evoluta, diventando radicamento criminale e mafioso. Tanti sono i motivi che hanno reso difficile vedere ciò che solo a pochi era evidente; perché il mafioso avrebbe dovuto evitare i ricchi territori del Nord e scegliere di investire i suoi enormi profitti criminali in territori poveri? Domanda a cui, ovviamente, c'è una sola risposta.

Società e istituzioni, fiduciose nei valori di legalità e giustizia in nome dei quali, in un passato non lontano, hanno lottato per il rispetto dei diritti individuali e collettivi, hanno continuato a ritenere che «da loro» non c'era posto per il radicamento mafioso. Purtroppo si sbagliavano. Ma da qui si può ripartire per una nuova stagione di lotta alle mafie, come testimoniano alcuni incoraggianti esempi di consapevolezza che si registrano fra le istituzioni delle città del Nord. A Reggio Emilia, la presidente della provincia, Sonia Masini, ha firmato in prefettura un protocollo per la legalità «volto alla trasparenza degli appalti di lavori pubblici, da ottenere mediante la richiesta delle informative antimafia per l'intera filiera degli esecutori e dei fornitori anche per appalti di importo inferiore alle soglie di legge».

Servono gesti positivi e concreti. Parole e comportamenti che daranno frutti sempre migliori se accompagnati dalla quotidiana e attenta vigilanza dei cittadini, giovani e adulti, uomini e donne che, stretti in un patto fra generi e generazioni, scelgono di camminare al fianco di quanti mostrano di voler concretamente operare per una società migliore e libera dalle mafie.

A Roma è stato sequestrato il Café de Paris, uno dei simboli della Dolce Vita.

Era stato acquistato per oltre sei milioni di euro in contanti da persone presumibilmente legate alla famiglia Alvaro di Sinopoli. Negli ultimi tempi, altre famiglie hanno investito a Roma, e in particolare nel centro storico, milioni di euro provenienti dal traffico di stupefacenti e di armi che la 'ndrangheta gestisce in maniera esclusiva. Si sono impadronite di decine di ristoranti, pizzerie, trattorie e aziende della grande distribuzione alimentare.

Da sempre la 'ndrangheta privilegia le attività di ristorazione e turistico-alberghiere, avviate con i proventi del traffico di droga. Nel dicembre 2010 è stato sequestrato dalla guardia di finanza anche lo stabile che ospita il teatro Ghione, nel centro storico di Roma.

In *Mafia, le mani sul Nord*, storia di mafia tra cronaca e narrazione ambientata a Reggio Emilia, Sara Di Antonio fa dire al boss: «Noi compriamo armi, spacciamo droga, compriamo ristoranti alla moda e possiamo contare sugli imprenditori che ci aiutano a riciclare il denaro. Non c'è bisogno di minacciare: basta far capire chi sei e loro pagano. Noi non siamo venuti al Nord per sparare, ma per fare affari».

Secondo Giuseppe Pisanu c'è stato un numero «abnorme» di candidati «indegni» alle ultime amministrative.

Sono accadute cose molto strane. In Toscana un politico è stato rieletto, dopo aver fatto la sua campagna elettorale utilizzando una foto che lo ritraeva in manette per un arresto precedente. Un consigliere regionale è stato riconfermato in Campania, nonostante una condanna a due anni e otto mesi per concorso esterno in associazione camorristica. Un altro ancora è stato eletto alla regione in Piemonte, nonostante fosse stato arrestato nel 1980 e nel 1995. E in Campania altri due, dopo essere stati eletti, sono stati sospesi per interdizione dai pubblici uffici.

A nulla è valso il Codice di autoregolamentazione, adottato dalla Commissione parlamentare antimafia il 18 febbraio 2010, con il quale i partiti si erano impegnati a non candidare persone rinviate a giudizio, o condannate anche solo in primo grado, per reati di mafia, terrorismo e traffico d'armi, ma anche estorsione, usura, riciclaggio e traffico di rifiuti. La distanza tra le parole e i fatti è stata siderale; troppi hanno detto sì con le parole, ma nei fatti hanno ignorato la regola. Il presidente Pisanu ha duramente criticato la disinvoltura con cui la politica aveva formato le liste elettorali. Nomi non degni di rappresentare le istituzioni. Ma che avevano portato voti. Tanti voti che fanno sempre comodo.

È possibile affidare alle prefetture il controllo delle liste elettorali?

Se i partiti non trovano da soli il modo di regolamentarsi, bisognerà che il controllo qualcuno lo faccia. Al momento, la legge consente ai prefetti la possibilità di fare accertamenti solo sugli eletti e non sui candidati.

Una politica sana potrebbe senz'altro affrontare e risolvere il problema delle liste elettorali, evitando che questo si trasformi in una questione di pubblica sicurezza.

Dopo gli appalti, le mafie sono entrate nel giro della sanità. La cosiddetta mafia bianca.

La sanità rappresenta la voce più cospicua nei bilanci delle regioni. Controllare questo assessorato significa gestire potere. «Che vuoi che siano diecimila euro al mese, quando puoi gestire un bilancio di tre miliardi e trecentosessanta milioni» spiegava l'ex consigliere regionale, Domenico Crea, nel febbraio 2006, parlando dell'assessorato alla sanità calabrese con un suo collaboratore. Crea è stato condannato in primo grado a undici anni di reclusione, ma gli appetiti della 'ndrangheta sulla sanità restano. E non solo in Calabria, come ha dimostrato l'operazione «Crimine» in Lombardia.

Poco tempo fa un senatore è stato arrestato perché eletto con i voti della 'ndrangheta.

Si tratta di Nicola Di Girolamo, eletto con i voti raccolti in Germania dalla cosca Arena. Ma si è dimesso e poi ha patteggiato la pena per il suo coinvolgimento in una grossa operazione di riciclaggio internazionale da 2 miliardi di euro. Ha anche accettato di restituire la parte dei proventi a lui destinati, pari a 4,7 milioni di euro.

I mafiosi si presentano con facce apparentemente pulite. A Palermo è finito in carcere un architetto, accusato di essere il reggente del mandamento di San Lorenzo, erede dei Lo Piccolo. Neanche in Calabria i boss sono solo quelli che trascorrevano la latitanza in Aspromonte. Oggi sono istruiti e pronti a familiarizzare con le nuove tecnologie. Nei covi dei latitanti calabresi sono stati trovati scanner per le falsificazioni di documenti e macchinari capaci di rilevare la presenza di microspie. Ormai è chiaro che la mafia pastorale che si nascondeva nei casolari non esiste più. Oggi i mafiosi amano le comodità, investono in Borsa e continuano a gestire i loro affari dai luoghi della latitanza.

Ci sono stati altri casi di voti all'estero gestiti dai clan?

Sì, c'è stata un'inchiesta coordinata dal magistrato Roberto Di Palma su decine di migliaia di voti di italiani all'estero messi a disposizione del miglior offerente. Sotto la lente sono finiti il clan Piromalli di Gioia Tauro e Aldo Miccichè, un imprenditore residente in Venezuela e condannato in Italia a venticinque anni di reclusione.

L'8 marzo 2008 Miccichè, parlando al telefono dal Venezuela con il senatore Marcello Dell'Utri, dice: «Provvederò che presso ogni consolato ci sia la nostra presenza segreta per i cosiddetti voti di ritorno. Ho valutato le spese per tutti i dieci paesi ... complessivamente mi servono 60.000 euro». Il piano di Miccichè è semplice: fare incetta di schede bianche e votarle. Dell'Utri risponde: «Benissimo...». Secondo le informazioni, raccolte dalla Direzione distrettuale antimafia di Reggio Calabria, era in programma anche un incontro a Milano tra il senatore Dell'Utri e due esponenti del clan Piromalli. Quando uno dei due chiede a Miccichè come avrebbe dovuto presentarsi a Dell'Utri, riceve questa risposta: «La Piana ... la Piana è cosa nostra facci capisciri ... il Porto di Gioia Tauro lo abbiamo fatto noi, insomma! Hai capito o no? Fagli capire che in Aspromonte e tutto quello che succede là sopra è successo tramite noi, mi hai capito?». E aggiunge: «Ricordati che la politica si deve saper fare ... ora fagli capire che in Calabria o si muove sulla Tirrenica o si muove sulla Ionica o si muove al centro, ha bisogno di noi... hai capito il discorso? E quando dico noi intendo dire Gioacchino e Antonio [due boss della famiglia Piromalli], mi sono spiegato?». Parole che testimoniano al di là di ogni dubbio quanto sia esteso, profondo e ramificato il potere della 'ndrangheta.

Lo stretto rapporto della 'ndrangheta con logge deviate della massoneria è emerso in diverse indagini. In una intercettazione, si parla di un nuovo livello: quello degli invisibili. È diverso dalla Santa?

Così lo definisce Sebastiano Altomonte, consigliere comunale di Bova Marina, successivamente condannato per associazione mafiosa, in una conversazione con la figlia. Diceva di appartenere a una loggia massonica che divideva i propri affiliati tra visibili e invisibili. «C'è una che si sa e una che non la sa nessuno, perché se no oggi il mondo finiva, se no tutti cantavano.» E rimarcando il concetto spiegava: «C'è la visibile e l'invisibile che è nata da un paio di anni e che non la sa nessuno, solo chi è invisibile». È l'unica informazione scoperta su questa presunta struttura parallela e occulta della 'ndrangheta. Sulla Santa, invece, abbiamo trovato molti riscontri, anche da parte di collaboratori di giustizia. Un livello di 'ndrangheta, nato alla fine degli anni Sessanta, come struttura elitaria, in grado di muoversi in maniera spregiudicata, estranea alle tradizionali gerarchie dei locali, ma soprattutto priva dei divieti, fissati dal vecchio codice mafioso, che non consentivano di stringere relazioni con rappresentanti delle istituzioni. La Santa ha consentito ai boss della 'ndrangheta di affiliarsi alle logge deviate della massoneria e di entrare negli ambienti dove venivano prese le decisioni più importanti della vita politica e amministrativa della regione.

Nel 2010 a Reggio è stato arrestato Giovanni Zumbo, un commercialista tributario. Passava informazioni riservate a potenti boss della 'ndrangheta. Dicono che avesse anche collaborato con i servizi segreti. È questa la «borghesia mafiosa» di cui spesso si sente parlare?

Questo è proprio un esempio della cosiddetta «borghesia mafiosa». Giovanni Zumbo per quindici anni ha amministrato i beni sequestrati alle 'ndrine; ha lavorato anche nella segreteria politica di un consigliere regionale e, per sua stessa ammissione, ha avuto contatti con uomini dei servizi segreti. Grazie ad alcune intercettazioni ambientali, si è scoperto che informava gli uomini della 'ndrangheta sulle indagini in corso. Ma non chiedeva soldi. «Lo fa per amicizia, perché è riggitanu» spiegava Giovanni Ficara, il suo referente nella 'ndrangheta che lo aveva presentato al boss Giuseppe Pelle di San Luca. Lo stesso Zumbo, parlando dei servizi segreti agli uomini dei clan, diceva: «Faccio parte tuttora di un sistema che è molto, molto più vasto di quello che ... ma vi dico una cosa, ve la dico in tutta onestà: sunnu i peggiu porcarusi du mundu [sono gli uomini più sporchi del mondo], e io mi sento una persona onesta».

Cinque mesi prima dell'operazione «Crimine», Ficara sapeva che i carabinieri avevano ripreso e intercettato il summit di Polsi. «Hanno sentito là, alla Madonna della Montagna, quando abbiamo rifatto le cariche.»

In carcere sono finiti anche uomini delle forze dell'ordine?

Erano mele marce. La polizia giudiziaria italiana, e mi riferisco a carabinieri, guardia di finanza e polizia di Stato, resta affidabile. Per competenza, passione e impegno è tra le migliori del mondo.

«Stiamo facendo un lavoro progressivo che ci porterà, alla fine, a scoprire anche i collegamenti esterni delle cosche reggine, compresi quelli politici» ha dichiarato il 23 giugno 2010 il procuratore della Repubblica di Reggio Calabria Giuseppe Pignatone. Si comincerà ad arrestare anche negli ambienti politici?

Abbiamo già incominciato. La mancanza di collaboratori di giustizia, finora, non ci ha aiutato a fare luce su quello che resta il nodo centrale e storico del problema. I rapporti con il mondo della politica sono al centro degli interessi della 'ndrangheta fin dal 1869, quando le elezioni amministrative di Reggio Calabria sono state annullate per un uso violento della politica. Era il periodo in cui gli «accoltellatori» della città dello Stretto, guidati da Francesco De Stefano, minacciavano candidati, deputati, sindaci e semplici cittadini.

In un rapporto della polizia del 1901, in riferimento ai boss della picciotteria, si legge: «Hanno le loro influenze presso persone insospettabili, la cui opera sfruttano nell'interesse dei soci. Sono personalità politiche, avvocati, medici, possidenti». Sul fronte degli arresti anche negli ambienti politici siamo, purtroppo, ancora in ritardo. È inutile negarlo. Ma siamo decisi a fare di più. E ci stiamo provando.

Gli 'ndranghetisti non hanno più la coppola, ma come si comportano oggi?

Per capire quanto siano cambiati, basta pensare a Pasquale Condello, un boss che amava il lusso e la bella vita. Leggeva García Márquez, Oriana Fallaci, Paulo Coelho e Khaled Hosseini. Cinquantotto anni, tempie brizzolate, baffi curati, sorriso accattivante, vestiti griffati, è stato arrestato nel febbraio 2008 dagli uomini del tenente colonnello Valerio Giardina, mentre cenava a base di ostriche e champagne in un appartamento alle porte di Reggio Calabria. Soprannominato «il Supremo», era latitante da vent'anni. I 50 milioni di euro sequestrati costituiscono solo una parte del patrimonio da lui accumulato con il traffico di armi e droga, il controllo degli appalti, il riciclaggio con investimenti in Italia e all'estero. Su un conto corrente aperto a Montecarlo aveva un milione di euro. In alcune cassette di sicurezza, scovate dai carabinieri a Cesena, Condello custodiva lingotti d'oro, gioielli e un Rolex tempestato di brillanti per un valore di 5 milioni di euro. E poi titoli, polizze assicurative, quote di maggioranza della società Scania – quella dei veicoli industriali – intestate al consuocero. Ormai l'élite della 'ndrangheta è diventata una multinazionale miliardaria alla ricerca continua di settori puliti nei quali investire la sua impressionante liquidità. Dobbiamo abituarci a questi boss dalla faccia normale. In passato temevano la pubblicità più delle manette, ora sorridono. Dopo l'arresto dei principali latitanti, ormai rinchiusi nei bracci del 41bis, siamo chiamati a fare i conti con i nuovi boss, sempre meno riconoscibili, ma non meno pericolosi.

Nessuno nega l'impressionante ricchezza della 'ndrangheta, ma dove vanno a finire tutti questi soldi? Certamente non in Calabria.

La 'ndrangheta non è una società per azioni con un consiglio di amministrazione. La ricchezza non è nelle mani di quel ristretto gruppo che si riunisce a Polsi, ogni anno, per garantire gli equilibri territoriali delle 'ndrine e verificare che ogni locale sia in buon ordine, cioè rispettoso delle regole. Nella mafia calabrese, finora, si sono arricchiti in pochi, i vertici dei vari locali e i tanti faccendieri che hanno il compito di ripulire il denaro sporco. Lo spiega bene il boss Pasquale Libri, citato da Pasquale Buda in una conversazione intercettata recentemente: «La divisione con uno è, e non con cinque». Lo stesso Buda, un boss originario di Fiumara di Muro, parlando del clan Rosmini, spiega: «Sono caduti in disgrazia ... ora si sono combinati che tra loro non vanno d'accordo nemmeno ... e c'è chi ha i soldi e chi muore di fame».

Succede la stessa cosa nelle altre organizzazioni criminali. Ad arricchirsi sono solo i capi, gli altri sono morti di fame, costretti a scegliere guadagni insignificanti con la prospettiva della galera. I soldi della 'ndrangheta non restano in Calabria, dove gli 'ndranghetisti ostentano povertà. Il vero problema della 'ndrangheta è quello di riciclare l'enorme ricchezza prodotta con il traffico di droga. E, secondo me, questa necessità ingrassa molte persone, anche gente che con le 'ndrine non dovrebbe avere nulla da spartire. Come quei professionisti che, da tempo, hanno messo le loro competenze al servizio della 'ndrangheta. E tra essi, anche tanti insospettabili.

VI

La speranza

«Sono nelle nostre mani, noi li facciamo diventare sindaci, assessori e loro fanno quello che noi vogliamo, senza pagare neanche mazzette.» In questa frase intercettata in Umbria nelle indagini sul post-terremoto del 2008 sono racchiusi il dramma di certa politica e la forza delle mafie. Spesso i confini tra Stato e mafia sono confusi, invisibili, vischiosi, così come difficilmente individuabili sono quelli che separano la legalità dall'illegalità.

«Non trovavo mai una porta chiusa» racconta un collaboratore di giustizia, ricordando il suo passato di mafioso. Riflettere su questa considerazione può aiutarci a comprendere la longevità delle mafie in Italia, dovuta proprio alle tante porte che continuano ad aprirsi.

Diceva Paolo Borsellino: «Mafia e politica sono due poteri che vivono sul controllo dello stesso territorio: o si fanno la guerra o si mettono d'accordo. Il terreno su cui possono accordarsi è la spartizione del denaro pubblico, il profitto illegale sui pubblici lavori».

Gli esempi potrebbero continuare fino al vergognoso sistema delle raccomandazioni e dei diritti che diventano favori, soprattutto dove i cittadini non riescono ad affrancarsi dal bisogno e dove più si avverte la mancanza di lavoro.

Nel 1991 la commissione ecclesiale della Cei Giustizia e Pace, in un documento dal titolo *Educare alla legalità*, così scriveva: «Non siano mai sacrificati i beni fondamentali della persona o della collettività per ottenere consensi; l'azione politica da strumento per la crescita della collettività non si degradi a semplice gestione del potere, né per fini anche buoni ricorra a mezzi inaccettabili. La politica non permetta che si incancreniscano situazioni di ingiustizia per paura di contraddire le posizioni forti. Si tagli l'iniquo legame tra politica e affari. Siano facilitati gli strumenti di partecipazione diretta dei cittadini alle scelte fondamentali della vita comunitaria».

Quella delle mafie e del malaffare è l'eredità più pesante trasmessa dal Novecento all'Italia, un'eredità avvelenata con cui tutti dobbiamo fare i conti. E non più solo a parole.

Servono volontà politica e riforme normative. Ma è necessaria anche la totalità della società civile per una lotta che sempre più assume i toni della guerra. Una guerra che quotidianamente vede contrapposti gli onesti e i criminali; in mezzo non c'è posto. Ognuno è chiamato a scegliere da che parte stare. Le mafie raramente si scontrano fra loro; di regola si alleano. L'esercito degli onesti deve capire che solo unendo le forze si può sperare di difendere una società che vuole vivere nel rispetto dei principi di giustizia e legalità. Il silenzio è nemico della verità. Se ha spiegazioni, non ha giustificazioni.

Non basta «una distaccata opera di repressione», come rammentava Borsellino poco prima di essere ucciso. Per combattere le mafie c'è bisogno di un «movimento culturale, morale e religioso» che coinvolga tutte quelle persone che hanno voglia di opporsi «al puzzo del compromesso morale, della indifferenza, della contiguità e, quindi, della complicità» per sentire finalmente «la bellezza del fresco profumo di libertà».

«Ma a Reggio, anche a Reggio vi è questa mala vita?» si chiede con un articolo pubblicato il 12 marzo 1901 su «La Gazzetta di Reggio Calabria» Luigi Aliquò-Lenzi. Poi continua: «Sì. Talvolta, spesso anzi, ce ne siamo dovuti accorgere ed abbiamo capitato [sic] *prefetti, capi ufficio, gente che ha nelle mani l'amministrazione della cosa pubblica, che esercitano – in guanti gialli, come si dice – la prepotenza, 'a superchiaria per agevolare una paranza in frac e gibus, per ottenere l'anuranza sistematica d'una picciotteria... aristocratica. Questa – mi viene da riflettere – è l'alta mafia, che si estende malefica sui cittadini, che si manifesta nella lesione continua dei loro diritti, che li colpisce tuttavolta con malversazioni e che non li fa credere più sicuri nemmeno al cospetto dei loro giudici, ovemai eglino ricorressero ad invocare, ad implorare giustizia». La mafia dei guanti gialli era un tema ricorrente nell'Ottocento. Non è cambiato niente?*

La mafia non è solo nei mafiosi. C'è un abito mentale diffuso che andrebbe modificato. Per comprenderlo basta andare in una banca o in un ufficio pubblico. C'è sempre qualcuno che evita la fila, che ricorre alle scorciatoie, alle amicizie per fare prima. È un modo per dimostrare agli altri di essere più furbo. Succede così anche con le assunzioni nei luoghi di lavoro, gli appalti e i subappalti. È un circolo vizioso che ammorba la società, la convivenza civile, il rispetto reciproco. Gli stessi politici, consapevoli dell'esistenza e della pervasività delle mafie, se ne servono. Dopo essere stati eletti ripagano con protezioni e favori l'aiuto ricevuto. Un terreno di piccoli e grandi ricatti ideale per lo sviluppo delle mafie.

Per Giuseppe De Rita, presidente del Censis, l'Italia è un paese rassegnato al peggio. E avverte: «Guardate, stiamo vivendo la stagione più acuta del soggettivismo etico, tutti giudicano le proprie azioni e adottano decisioni morali in base a un criterio assolutamente personale. I genitori sono meno severi e la scuola non insegna più a vivere». Come se ne esce?

È un paese impantanato, che soffre del mancato ricambio della sua classe dirigente. La politica dovrebbe essere servizio, ma non a tempo, come quello delle assistenti dei nostri anziani, meglio note come badanti. Bisognerebbe premiare chi merita e castigare chi sbaglia. E porre mano a riforme che possano migliorare la qualità della vita di tutti e non quella di pochi.

Virgilio Titone, storico e umanista siciliano, nel suo saggio su *La servitù dei cervelli* degli anni Settanta, scriveva: «Chiunque, anche non accorgendosene, si dedica alla politica. La politica è insita in ognuno di noi. Far politica, anche se oggi se ne è persa l'essenza, significa dare un contributo alla società. L'ho detto tante volte. Ormai la politica è solo un pretesto in più per arricchirsi. La gente che è al potere non governa né legifera per l'Italia degli italiani, ma per restare al proprio posto. E, infatti, ci resta».

Discutere di questione settentrionale o meridionale appare, in queste condizioni, un diversivo per non affrontare le mafie che uccidono la democrazia italiana.

Le mafie si confermano, purtroppo, fenomeni a «sviluppo indisturbato». L'analogia più efficace è quella del giornalista Giuseppe D'Avanzo, che ha parlato di «inazione ottimale». È la definizione della politica adottata dall'impero inglese in Oriente tra la fine del Settecento e i primi decenni dell'Ottocento per fronteggiare le aggressioni all'India degli zar e di Napoleone Bonaparte. Il far nulla, cioè l'inazione ottimale, era la più fruttuosa delle politiche possibili. Non solo è auspicabile che questo modello di strategia politica ci resti estraneo, ma pensiamo che la lotta alle mafie debba diventare impegno prioritario nel programma di qualsiasi governo.

Se è vero che «ciascuno cresce solo se è sognato», come amava ripetere Danilo Dolci, lei come se la sogna questa Italia, sempre più travagliata?

Le mafie non potrebbero esistere se non fossero intrecciate a poteri più visibili, come la politica, l'economia e le istituzioni. Per sciogliere un nodo così serrato non possono bastare né la magistratura né le polizie, ma serve un costante alimento etico-politico, un adeguato sostegno dello spirito pubblico e il coinvolgimento di persone e gruppi, élite e popolo per rendere concreta la convenienza della legalità e perdente quella dell'illegalità. Come vede, sogno anch'io.

Si legge nei rapporti Aise e Aisi, ex Sismi e Sisde: «La mafia siciliana, fiaccata dagli arresti di Provenzano e Lo Piccolo, dall'aumento significativo dei collaboratori di giustizia e dalla rivolta degli imprenditori contro il racket delle estorsioni, presenta profili decisamente inediti, soppiantata per ferocia e valenza eversiva dalla 'ndrangheta, la componente più pericolosa della criminalità organizzata in Italia». Perché molti ancora fanno fatica a crederci?

La 'ndrangheta non ha avuto film che ne hanno esaltato l'immaginario, come *Il padrino* di Francis Ford Coppola, non ha partecipato alla spedizione dei Mille, né favorito lo sbarco degli Alleati durante la seconda guerra mondiale. Niente di epico, niente di straordinario. Eppure, oggi la 'ndrangheta è la mafia più forte, più flessibile, più dinamica e più affidabile nel traffico internazionale della droga, la più radicata in Italia, nelle regioni del Centro e del Nord, e all'estero. Ma resta anche la meno studiata e la più misteriosa. Una mafia che ha cercato di muoversi al riparo dei riflettori, a esclusione di episodi come l'omicidio del vicepresidente del consiglio regionale Francesco Fortugno e la strage di Duisburg, che la stessa 'ndrangheta ha considerato pericolosi incidenti. Una mafia che preferisce costruire relazioni sociali e penetrare in silenzio nella politica e nelle istituzioni per esercitare un controllo pressoché totale del sistema degli appalti e della gestione dei pubblici finanziamenti nazionali ed europei.

In Colombia, un broker intercettato da investigatori italiani, durante una conversazione, così la descrive: «La 'ndrangheta c'ha una omertà che è superiore alla mafia, è superiore a tutte le associazioni mafiose, cioè la 'ndrangheta proprio sono compatti, sono famiglie, fanno i grossisti. Loro ti vendono 2000 dollari al chilo. [La droga] Parte dal Venezuela, arriva in Calabria, in Olanda, arriva in Spagna, arriva dappertutto, adesso la mandano in Russia, nei Balcani». E su come investire in Italia i soldi dei paramilitari colombiani, alleati delle 'ndrine, spiega: «Stiamo aspettando l'ok per poterci proporre delle cose al centro di Roma, parlo di alberghi, parlo di palazzi. Poi ci sono tenute da farci vedere in Toscana, c'ha un albergo in Sicilia, un albergo a Venezia, c'ha un albergo in Toscana molto interessante. Prezzi da 5,6 milioni di euro fino a 70, 80 milioni, dipende da quello che vuoi. Tu lo sai che questi... non gli mancano i soldi a questi. Ce n'è uno su un'isola a Venezia. 80 milioni di euro, metà in euro, metà ufficiale. Il nome di quello non si deve mai dire».

C'è un detto della tradizione che bene sintetizza la capacità delle mafie di adattarsi a qualunque situazione: quando tira vento, fatti canna. Cioè, al passare del vento piegati come una canna. Le mafie come le flessibili canne di fiume?

L'adattabilità è la principale caratteristica delle mafie. La 'ndrangheta, da sempre, riesce a coniugare vecchio e nuovo, giustizia privata e scambio di relazioni. È l'organizzazione criminale con più regole legate alla tradizione, ma è anche quella che utilizza di più internet per riciclare denaro sporco. Come le canne si piegano alla forza del vento, così le mafie si modificano, si inabissano, quando le condizioni sono sfavorevoli. Le mafie hanno imparato a adattarsi a qualunque circostanza.

Le mafie criptano le loro comunicazioni con sistemi come VoIP e Skype, mentre chi indaga deve lottare per difendere quei pochi strumenti che ancora possono consentire di arrestare latitanti e scoprire traffici di armi e droga. Non si rischia di scoraggiare chi ancora crede nella lotta alle mafie?

Certamente, soprattutto alla luce dei recenti successi nella cattura dei latitanti. Ma non basta. Bisognerebbe essere uniti nella lotta alle mafie, dare vita a riforme condivise e rafforzare l'azione di contrasto ai boss e ai loro patrimoni che grazie a una riforma di questo governo è oggi più facile confiscare. Purtroppo, i politici mostrano poca consapevolezza sulla consistenza della presenza mafiosa sui propri territori, e questo non contribuisce a creare un clima sereno. Basterebbe partire tutti da un semplice ragionamento e chiederci perché le mafie sono presenti in quasi tutte le regioni del Nord. La risposta potrebbe essere altrettanto semplice: le mafie lucrano enormi capitali, tutti di illecita provenienza. Quando questi capitali devono essere riciclati e inseriti nell'economia legale, si va nelle regioni del

Nord che, essendo più ricche, garantiscono maggiori possibilità di investimento e di profitto. Le mafie seguono logiche di mercato.

Siamo di fronte al solito problema. Quando si parla di infiltrazioni e radicamento, tutti provano a tirarsene fuori. Meglio sarebbe sviluppare strategie investigative per isolare chi si presta a operazioni che non arricchiscono solo le mafie, ma anche tanti imprenditori, banchieri, broker e politici del Nord.

Pitagora diceva: «Porgi aiuto alla legge», e io aggiungo: «... nella guerra contro l'illegalità». Un monito ancora attuale, che invita tutti a tenere alta la guardia. La difesa della legalità è una delle battaglie più moderne che chiama in causa la politica e la società civile. Non riusciamo a fare calcoli precisi, ma l'idea che le mafie siano solo al Sud è da abbandonare definitivamente.

Il tribunale civile di Palermo ha condannato il boss di cosa nostra Totò Riina solo per il fallito attentato a Giovanni Falcone del 1989, non per le «umiliazioni» e le «calunnie» di cui è stato vittima il magistrato. Per la sentenza, le delegittimazioni furono architettate da «ambienti delle istituzioni», non dalla mafia. E il «corvo» era «uomo delle istituzioni, non di cosa nostra».

I magistrati sono uomini. E la vicenda di Falcone dimostra chiaramente quanto sia difficile fare il magistrato, quando l'impegno supera i muri di un ufficio. Oggi, dopo tanti anni dalla sua morte, Falcone ha molti estimatori. Quando era in vita, è stato più volte oggetto di delegittimazioni. Solo con il sacrificio della vita è uscito dall'ombra della calunnia. Ma i corvi non appartenevano alla fauna di cosa nostra. Le stragi del 1992 e del 1993 sono misteri di un'Italia che non è ancora capace di voltare pagina e di scrivere la storia con l'inchiostro della verità.

Anche lei ritiene che dietro la strage di via D'Amelio ci siano settori deviati dello Stato?

Della vicenda si sta occupando la procura di Caltanissetta. Tuttavia sembra assumere sostanza probatoria l'ipotesi secondo cui anche ambienti insospettabili ed esterni a cosa nostra fossero interessati all'uccisione di Borsellino.

Una verità difficile da accettare...

Le mafie si nutrono di relazioni esterne, cioè del torbido e opaco intreccio con pezzi della politica, dell'economia e delle istituzioni.

Da nord a sud si moltiplicano le manifestazioni di una società civile che vuole resistere e liberarsi dalle mafie. È un fenomeno che può aiutare anche la Calabria?

Già da qualche anno la società civile calabrese trasmette segnali di rigetto della 'ndrangheta. Grazie ad associazioni che promuovono la cultura della legalità e della consapevolezza, finalmente si registra anche un visibile impegno del mondo economico nel contrasto del racket. Il protagonismo della società civile e, in particolare, dei giovani è un fatto di grande e positivo valore. Ma è necessario evitare le strumentalizzazioni, perché la lotta alla mafia non deve mai essere appannaggio di una sola parte politica. Anche perché le mafie seguono sempre il proprio interesse e si schierano sempre con chi vince.

Lo Stato continua a essere poco presente, come guida, come esempio, come risorsa. In una situazione così, anche le persone perbene rischiano di perdere la motivazione alla lotta e finiscono per gettare lo sguardo dall'altra parte.

Don Pino Puglisi diceva: «È importante parlare di mafia, soprattutto nelle scuole, per combattere contro la mentalità mafiosa, che è poi qualunque ideologia disposta a svendere la dignità dell'uomo per soldi. Non ci si fermi però ai cortei, alle denunce, alle proteste. Tutte queste iniziative hanno valore ma, se ci si ferma a questo livello, sono soltanto parole. E le parole devono essere confermate dai fatti».

I calabresi dovrebbero ricordare che nella stessa loro terra è nato il primo legislatore della storia, Zaleuco, l'autore dei *nomoi*, ovvero le più antiche regole scritte, principi di uguaglianza e pari opportunità, legge per i *politai* di Locri Epizefiri, patria dello stesso Zaleuco, e monito per tutti gli italiani di oggi. Quanto è remoto il tempo di Zaleuco!

In Calabria molti cronisti vengono minacciati.

Succedeva anche in passato, ma non con la frequenza di oggi. In Calabria c'è una stampa che non si fa condizionare dai potentati politico-economici. E che pertanto fa paura. Sono i rischi della stampa libera, di cui si sentiva il bisogno.

Parlare di mafie ai giovani può aiutarci a combatterle?

L'istruzione taglia l'erba sotto i piedi dei mafiosi, e la cultura brucia il terreno su cui la malapianta cresce. Famiglia e scuola sono fondamentali nella formazione e nell'educazione dei giovani. È risaputo: la mafia teme più la scuola che la giustizia. Un'indagine a livello europeo conferma che il 60% dei ragazzi protagonisti di episodi di bullismo entro il compimento del ventiquattresimo anno di età incorre in condanne. Le situazioni sono molto più preoccupanti al Sud, dove per il bullo quello del mafioso è un modello desiderabile. La situazione va contrastata prima di tutto a scuola.

La magistratura può fare molto, ma se non la contrastiamo anche sul piano culturale, i clan si rigenerano. Come ho più volte ripetuto, gli arresti sono importanti, ma non risolvono il problema. Ci sarà sempre chi andrà a coprire i vuoti. Cambieranno le facce e i nomi, ma non i numeri e la sostanza. È perciò fondamentale parlarne, soprattutto ai giovani, senza trasformare le mafie in un mostro, una piovra o un cancro. Dobbiamo riconoscere che oggi i mafiosi si confondono in mezzo a noi perché ci rassomigliano. Non si presentano più con la coppola, parlano le lingue e padroneggiano la tecnologia. Riconoscere i mafiosi è certamente più difficile, ma non impossibile.

L'etica non va insegnata, va praticata, testimoniata e trasmessa. Solo con la coerenza si può coltivare nei giovani il senso di una responsabilità capace di lottare per una società migliore.

In tutto questo, il ruolo degli educatori è fondamentale e insostituibile. I buoni maestri possono penetrare in terreni ostili, come le famiglie mafiose cui spesso appartengono anche i loro studenti.

In una conversazione intercettata dai carabinieri nel 2001 a Fondi, un boss legato alla 'ndrangheta cerca di spiegare al figlio cos'è la mafia, nel tragitto in macchina da casa a scuola. Il ragazzino rimane sorpreso, perché pensa che la mafia sia quella che la maestra gli ha descritto: «quelli che non rispettano la legge».[1]

Un'altra vicenda illuminante viene spesso raccontata da Maria Falcone. «La moglie di un collaboratore di giustizia» ricorda la sorella del magistrato ucciso nel 1992 «mi disse che i suoi figli le chiedevano perché mai i giudici Falcone e Borsellino, considerati eroi a scuola, in casa loro fossero dipinti come due infami.» Penso che ci sia tutto in questo esempio. La scuola aveva messo quei ragazzi nella condizione di porsi la domanda.

Anche la 'ndrangheta sale in cattedra. E aggiusta voti ed esami all'università.

È un fatto di cui si è a conoscenza da tempo, ma che non sempre siamo riusciti a documentare. Negli anni Settanta, a Messina c'erano figli di 'ndranghetisti che sostenevano l'esame con la pistola ben in vista nella cintola dei pantaloni. Da indagini condotte recentemente sul figlio di un boss di San Luca, abbiamo scoperto che, pur essendo uscito dall'esame di maturità nel 2006 con il minimo dei voti e con due anni di ritardo, alla facoltà di Architettura di Reggio Calabria era riuscito a diventare uno studente modello, tanto da sostenere nove esami in quarantun giorni.

In realtà alcuni esami non li aveva neanche affrontati, come emerge da una conversazione con un ricercatore della stessa facoltà, a cui chiede: «Senti, ma come si chiama la materia?». Il ricercatore risponde: «L'esame è quello di Alboricoltura [*sic*] generale». Subito dopo, comunica allo zio di aver superato l'esame con trenta, ma non ricorda neanche il nome della materia. «Agro... agro... agricoltura?» balbetta al telefono. Molti studenti hanno sentito il bisogno di prendere le distanze da questi comportamenti e hanno sollecitato l'università ad assumere provvedimenti.

Nonostante il lavoro, trova ancora tempo per il suo orto?

L'orto non è solo il luogo dove coltivo pomodori e zucchine, ma è anche una metafora della mia vita e del mio carattere. Non sono un intellettuale, uno da salotto, sono un uomo semplice che ama le cose semplici, la famiglia, il mio lavoro, i pochi amici. Sento e mi fa piacere l'affetto della gente, quella che mi incontra negli aeroporti e mi stringe la mano. Con loro mi trovo a mio agio. È gente che lavora, che fatica e fa sacrifici, come tutte le persone normali. Non mi sento un eroe, amo il mio lavoro e ci metto tanta passione. Come tante altre persone oneste che, proprio per questo, possono ogni giorno guardarsi allo specchio.

La vita vale molto poco se si perde il rispetto di se stessi.

Lo diceva anche mia madre, per la quale non c'era ricchezza al mondo che potesse comprare l'onestà.

Nella lotta alla mafia si respira aria di ottimismo. Secondo lei sta veramente cambiando qualcosa in Italia?

Nonostante i recenti successi contro la criminalità organizzata, se dovessi utilizzare un colore per definire la situazione, non esiterei a indicare ancora il grigio per il periodo che stiamo vivendo. Certo oggi vedo molta più volontà e molto più coraggio. Ma sono convinto che non basti dire «un giorno sconfiggeremo le mafie». Anche se lo ripetessimo in tanti e tutti i giorni dell'anno. Le parole non bastano. Ci vogliono fatti concreti. Ci vogliono scelte coerenti e rispettose della realtà e della ragione. Non sfugge a nessuno quanto nel paese ci sia un urgente, e non più rimandabile, bisogno di coesione, tra un'istituzione e l'altra e fra queste e la società civile. Ma per sconfiggere le mafie bisogna avere la forza di stare ogni giorno sul campo, controllare il grado e il livello di penetrazione negli appalti, negli enti territoriali, nella politica.

Occorre presidiare la democrazia. Un compito che è di tutti. Delle istituzioni e dei singoli cittadini. Affinché essa possa continuare a essere «cosa nostra».

Silvio Gambino, docente di Diritto costituzionale italiano e comparato, spiega bene come la legislazione penale e processuale sia, ancora oggi, inadeguata a combattere un fenomeno criminale sempre più aggressivo che, nei consigli di amministrazione, utilizza la competenza dei colletti bianchi mentre, in larga parte del territorio nazionale, fa quotidiano esercizio di violenza con le armi, il ricatto, la minaccia. Le mie non sono parole che tranquillizzano. Ma non è questo il mio lavoro. Non si tratta di pessimismo ma di una onesta lettura della realtà.

L'attuale legislazione non scoraggia chi pensa di fare il mafioso. Il rischio che oggi un giovane deve mettere in conto, se decide di entrare nella mafia, consiste nella privazione della libertà per soli sette anni. Scontata la pena, potrà tornare in libertà e godersi, con gli onori e i gradi del carcere patiti, una leadership che nessuno potrà più disconoscergli.

Nel novembre 2010, a Catanzaro, è stato intercettato, e poi arrestato, Nuccio Berlingeri, un boss trentenne; diceva: «Ho a che fare con i capi di tutta la Calabria. Posso bloccare il mondo com'è». Parole che danno il segno dell'esaltazione che spinge ancora troppi giovani a imboccare la strada della criminalità.

Ma qualcosa sta lentamente cambiando. La graduale consapevolezza che le mafie abbiano, ormai da anni, smesso di essere un problema confinato ai territori e alle comunità meridionali ci incoraggia a sperare. Potrebbero finalmente crearsi le condizioni perché cittadini e istituzioni, del Nord e del Sud, possano far fronte comune contro le mafie e il malaffare della politica. Sarebbe un bel modo per festeggiare i centocinquant'anni dell'unificazione dell'Italia. L'unico Risorgimento possibile.

Un'ultima cosa. La sua continua a essere una voce fuori dal coro: pensa sempre che la mafia finirà quando non ci sarà più l'umanità?

[*Sorride*] I contadini sono sinceri, non amano vendere fumo. E non smettono di seminare la terra, se il maltempo distrugge il loro raccolto. Non ho perso la voglia di combattere, in un paese che sembra temere i cento disperati che sbarcano a nuoto a Lampedusa più dei numerosi mafiosi, camorristi e 'ndranghetisti che, in alcuni casi, hanno rapporti con la politica oppure gestiscono affari dalle tante poltrone degli enti territoriali. Il vero rischio per lo Stato è di fare un lavoro inutile, quasi come svuotare il mare con il mestolo. La giustizia è una cosa seria. Come la lotta alle mafie. Ed entrambe vanno affrontate in modo serio. È importante poter contare su una legislazione penale adeguata al danno etico ed economico, individuale e collettivo, che le mafie provocano. Serve, insomma, un sistema di norme che faccia la differenza e che finalmente faccia pendere a favore della legalità e dei diritti la bilancia della giustizia. La lotta alle mafie deve poter andare molto oltre i desideri e le speranze.

Non mi sfugge la bellezza del sogno; è però necessario creare le condizioni perché i sogni possano realizzarsi. La mia è una voce fuori dal coro? Sì. E tale vuole restare.

Non rinnego l'orgoglio dell'utopia che, anzi, mi affascina, ma non stacco lo sguardo da una realtà che mi preoccupa. In cuor mio, spero di essere smentito.

Note

I. *La giustizia*

[1] Definizione del termine «giustizia», Devoto-Oli. Vocabolario della lingua italiana, Firenze, Le Monnier, 2008. Cfr. anche Livio Pepino (cura di), *Giustizia. La parola ai magistrati*, Roma-Bari, Laterza, 2010.

[2] Donatella Stasio, *Per la riforma non ci sono i margini*, in «Il Sole 24 Ore», 24 dicembre 2010.

[3] Gustavo Zagrebelsky, *Senza uguaglianza la democrazia è un regime*, in «la Repubblica», 26 novembre 2008.

[4] È un sistema che consente la registrazione in procura delle intercettazioni e il contemporaneo ascolto presso gli uffici della polizia giudiziaria.

II. *Cupole e sangue*

[1] Giulio Palange, *La regina dai tre seni. Guida alla Calabria magica*, Soveria Mannelli, Rubbettino, 1994.

[2] Rocco Furci di Fiumara di Muro, Paolo D'Elia di Seminara, Vincenzo Carbone di Sant'Eufemia d'Aspromonte, Martino Raso di Gioia Tauro, Antonino Ciccone di Cannitello, Rocco Fulco, Domenico Nasone, Demetrio Benedetto, Domenico Nasone, tutti di Scilla, e Antonino Barca di Castellace di Oppido Mamertina.

[3] Francesco Merlo, *I simboli del Padrino*, in «la Repubblica», 14 aprile 2006.

[4] Il 20 dicembre 2009 a Singen, in Germania, viene intercettato e registrato il rituale con cui gli 'ndranghetisti formano e «sformano» il locale dove si riuniscono. Ne riportiamo il contenuto a conferma dell'attualità di queste cerimonie:

[*Si sentono delle voci in sottofondo e il rumore di alcune sedie che vengono spostate*] SF: «Formiamo...»

TS: «[incompr.] ... e formiamo pure ... formiamo ... sformiamo [incompr.]

... se c'è qualcosa ... si richiede, quasi obbligo, che formiamo pure per ... formiamo ... Sformiamo... [incompr.] ... se c'è qualcosa ... si richiede, quasi obbligo, che ci uniamo...»

[*Si sente un rumore di sedie*]

SC: «Ok!»

SF: «Buon vespro!»

IN CORO: «Buon vespro!»

SF: «Siete pronti?» [*voce in sottofondo incomprensibile*] «a battezzare questa località?»

UOMO NON MEGLIO IDENTIFICATO: «Sì!»

SF: «Io lo battezzo come lo hanno battezzato i nostri tre cavalieri di Spagna ... i nostri tre cavalieri che dalla Spagna sono partiti, da Roma sono passati, per ... e ... a Roma so ... no ... a Napoli sono sbarcati e in Sicilia si sono fermati e in Calabria hanno formato. Se loro hanno battezzato con ferri e catene, con ferri e catene lo battezzo io, se loro hanno battezzato con carceri scuri e ... e ... con carceri scuri e carceri penali, con carceri scuri e carceri penali lo battezzo io, se loro hanno battezzato con rose e fiori, con rose e fiori la battezzo io e mi riserbo: [incompr.] ... specchi e spilli e località con parole di umiltà è battezzata questa località.»

UOMO NON MEGLIO IDENTIFICATO: [incompr.]

SF: «Buon vespro!»

IN CORO: «Buon vespro!»

[*Battezzata la località, il capo società «forma» la «società»*]

SF: «Siete pronti?»

UOMO NON MEGLIO IDENTIFICATO: «... [incompr.] ...» [*tintinnio di bicchieri*]

SF: «... a... a formare questa società.»

UOMO NON MEGLIO IDENTIFICATO: [incompr.] ... [*parla a voce molto bassa*]

SF: «il mio... il mio... e... la mia pancia è una tomba, il mio petto è una palata, con parole di umiltà è formata la società!»

[*Una volta «formata» la «società», i partecipanti discutono degli affari che la riguardano, e alla fine della riunione il capo società provvede a sformare la società prima e a dichiarare il locale in cui si sono riuniti non più un luogo sacro ma un locale di transito e passaggio.*]

TS: «Vabbò... voi sformate la società e poi... [incompr.] ...» [*si sente un rumore di sedie che vengono spostate, come se si stessero mettendo in piedi*]

SF: «Buon vespro!»

IN CORO: «Buon vespro!»

SF: «Siete conformi?»

IN CORO: «Sì!»

SF: «... a raccogliere queste dolci parole sparse nei miei saggi compagni e io le metto in un cassetto di noce fino finissimo e lo vado a sotterrare in fondo al mare, chi scoprirà verrà predicato e giudicato da uno... tre... cinque... coltellate al cuore come prescrizione della regola sociale...»

TS: «Buon vespro!»

SF: «Buon vespro! Siete conformi?»

IN CORO: «Sì!»

SF: «... a sformare questa società?»

IN CORO: «Sì!... [incompr.]»

SF: «No... a sformare questa località?»

TS: [*suggerisce*] «A sformare questa società...»

SF: «Società!»

TS: [*suggerisce*] «... la mia pancia è una tomba...»

SF: «... la mia pancia è una tomba, il mio petto una palata, con parole di umiltà è sformata la società!. ... E poi c'era quella della cosa...»

AC: «Quella ... del locale! ... [incompr.] ... sformato.»

TS: «Come ... [incompr.]...?»

SF: «Quella del locale!»

AC: «Se questo...» [*suggerisce anche lui*]

SF: «... se questo locale lo conoscevo...» [*si accavallano le voci*]

AC: «[incompr.] ... di passaggio ... [incompr.]»

SF: «che io ho... [incompr.] ... prima o dopo?»

AC: «No... pure adesso... [incompr.] ... pure adesso!»

TS: «Pure adesso... è uguale!»

SF: «Buon vespro!»

IN CORO: «Buon vespro!»

SF: «Siete pronti?»

IN CORO: «Sì... [incompr.] ...»

SF: «A...» [*l'uomo fa una pausa in quanto sembra che non ricordi il prosieguo*]

AC: «Se prima...» [*si accavallano le voci*]

SC: [incompr.]... la società!...»

AC: «Se prima... questa località la conoscevo.»

SF: «La conoscevo come... e... sa...»

AC: «Sacra!»

SF: «Sacra?»

TS: «Santa?»

SF: «Santa! E... e... inviolabile, adesso la riconosco come un...»

TS: «Locale...» [*suggerisce*]

SF: «Locale di transito e passaggio.»

AC: «Di transito e passaggio!»

SF: «E poi?»

IN CORO IN DUE: «E basta così!»

SF: «E basta così! Ok!»

[*Si sentono rumori di spostamento di sedie*]

IV. *Da Rosarno a Milano*

[1] Il progetto «La Tenda di Abramo» viene realizzato grazie al sostegno e contributo della parrocchia del Duomo di Polistena, dell'associazione «il Samaritano», dell'associazione «Libera», della Cooperativa «Valle del Marro» e della Caritas diocesana.

VI. *La speranza*

1 PADRE: «Hai capito allora cosa vuol dire mafioso?»
FIGLIO: «Uh!»
«Che cosa vuol dire?»
«È quando...»
«Allora, mi devi comprendere bene, bene, bene, bene quello che dico. Allora, esiste un concetto di legge ... esiste la legge, c'è i carabinieri, c'è il giudice ... esiste un concetto di famiglia ... mi segui, mi segui bene? ... Allora, la famiglia non si rivolge mai alla legge ... ma fa giustizia per conto proprio ... hai capito che ti voglio dire? Allora queste persone qua vengono chiamate della 'ndrangheta, ossia ... esempio ... se uno ti fa un torto, io non vado dalla polizia a dire ... hanno fatto un torto a mio figlio, prendo quello e lo ammazzo perché ti ha fatto un torto a te, hai capito come funziona?»
«Ah ... ecco che cos'è la mafia.»
«Eh?»
«Ecco cos'è la mafia.»
«Oh, vuol dire questo! Poi ci sono la mafia quella dei mafiosi che possono fare il traffico di droga e possono fare le cose brutte e dei mafiosi che sono uomini di onore. Che cosa vuole dire uomini di onore? Che ognuno invece di rivolgersi al sindaco, al maresciallo o a... tutti quanti si rivolgono a lui... di sapere... c'è mio figlio che non vuole andare a scuola, c'è mio figlio che gli servono i soldi, c'è mio figlio che gli devo trovare un impiego, compratevi qua, compratevi là, quindi fa tutto quanto la legge lui, senza avere nessun incarico.»
«Aah...»
«Capito?»
«Quindi ci sono tanti tipi di mafiosi.»
«È logico.»
«E i mafiosi che dice la maestra sono quelli che non rispettano la legge!»
«Ma nessuno, nessuno rispetta la legge.»
«... i mafiosi...»
«È logico! Sono contro la legge.»
«Ah!»
«Perché hanno una forza proprio per farsi giustizia da soli.»
«E quindi non è un caso che solo in Calabria, in Sicilia...»
«No, c'è la mafia russa, c'è la mafia in Grecia, ovunque vai c'è la mafia.»

Ringraziamenti

Questo libro nasce da una riflessione sulla giustizia con Massimo Turchetta e Francesco Anzelmo, sull'onda del successo di *Fratelli di sangue* e *La malapianta*. Turchetta e Anzelmo sono stati gli unici, assieme a Walter Pellegrini, a credere in noi, quando in Italia nessuno era interessato a questo argomento.

Il libro deve molto a tanti. Innanzitutto a Rosa Frammartino per i suggerimenti e i consigli nelle varie stesure del testo. Ma anche a Stefania Pellegrini per i preziosi contributi, ad Antonio Mazzone per le schiette valutazioni sui contenuti e a Francesca Mazzurana per il paziente e minuzioso lavoro di editing.

Un ringraziamento va anche al direttore generale dell'ufficio centrale detenuti e trattamento del ministero della Giustizia Sebastiano Ardita, al generale di brigata Giampaolo Ganzer, comandante del raggruppamento operativo speciale dei carabinieri, ai generali Diego Cuzzocrea e Umberto Sirico, al colonnello Umberto Zuliani della direzione centrale servizio antidroga, al tenente colonnello Valerio Giardina, ai capitani dei carabinieri Massimiliano D'Angelantonio e Gerardo Lardieri, al maresciallo Ercole D'Alessandro del gruppo operativo antidroga della guardia di finanza, ai giornalisti Giuseppe Baldessarro, Cesare Giuzzi, Domenico Logozzo, Gianfranco Manfredi e Romano Pitaro, ai professori John Dickie e Antonio Vitti, e al rappresentante in Messico dell'ufficio delle Nazioni unite contro la droga e il crimine, Antonio Mazzitelli.

Siamo infine grati a Vittorio Zucconi per la prefazione, ma soprattutto per la sua sincera e affettuosa amicizia.

Arnoldo Mondadori Editore S.p.A.

Questo volume è stato stampato
presso Mondadori Printing S.p.A.
Stabilimento Nuova Stampa Mondadori - Cles (TN)

Stampato in Italia - Printed in Italy